Straight Perm
Perfect Manual

みるみる分かる 軟化とアイロン
ストレートパーマ完全マニュアル

佐藤公昭・鈴木佳一郎

みるみる
BOOK
プラス1

Contents

プロローグ ………… 08
ストパー施術で活躍するアイテムたち ………… 10

ベーシック編 ストパー施術の"技"を磨こう ………… 12

例えればカンタン!! ストパー施術 1　施術の意味を理解しよう ………… 14

▶ これだけで仕上がりが違う！ ストパー施術のポイント ………… 16
▶ 1剤塗布 ………… 18
▶ 軟化チェック ………… 20
▶ ドライング ………… 22
▶ アイロン操作 ………… 24
▶ 2剤塗布 ………… 26

仕上がりで比較しよう ………… 28

スキルアップ・クエスチョン 1　なぜストパー施術でアイロンを使わなかったのか？ ………… 30

ベーシック・トラブルシューティング ………… 31

ケース 1　広がりが収まらないミディアムの縮毛のボリューム感を抑える ………… 32
ケース 2　短いレングスへの対応 ショートの縮毛を落ち着ける ………… 36
ケース 3　短いレングスへの対応 横広がりの縮毛ボブを小さくする ………… 40

Contents

アドバンス編 上達するための"コツ"をつかもう ……… 44

例えればカンタン!! ストパー施術2 軟化の仕組みをマスターする ……… 46

毛髪診断を覚えよう ……… 48

「軟化スケール」で軟化をマスターする ……… 50
　「軟化スケール」とは ……… 52
　健康毛の軟化スケール ……… 54
　ダメージ毛の軟化スケール ……… 58

▶ 1剤塗布の奥義 ……… 64

▶ ドライングの奥義 ……… 66

▶ アイロン操作の奥義 ……… 68

2剤塗布の奥義 ……… 70

処理剤選定の奥義 ……… 71

スキルアップ・クエスチョン2 なぜあなたはミスしてしまったのか？ ……… 72

アドバンス・トラブルシューティング ……… 73
　ケース1　クセの新生部と中間からの既ストパー部を自然につなぐ ……… 74
▶ ケース2　新生部の影響で折れてしまった根元への対応 ……… 78
　ケース3　ヘムラインの3～4センチの部分だけにある強いクセへの対応 ……… 82
　ケース4　ストパー失敗毛「ゴワつき」への対応 ……… 86
▶ ケース5　ストパー失敗毛「チリつき」への対応 ……… 90

マニアック編 達人になるための"ツボ"をおさえよう ……… 94

軟化のメカニズムを考える ……… 96

▶ 1剤塗布の秘義　「泡立て塗布」のノウハウ ……… 98

軟化の秘義　ケラチンチェック ……… 99

ドライング、アイロン操作の秘義　「温度チェッカー」の活用 ……… 100

2剤塗布の秘義　「サーマルカール」のテクニック ……… 101

本書の秘義　この本を使った裏技公開 ……… 102

エピローグ ……… 104

Prologue

　こんにちは、『Se Relaxer』の佐藤です。皆さん、始めまして。冒頭から、こんな話をするのも気が引けますが、ちょっとカミング・アウトさせてください。実は僕、ストレートパーマ否定派だったんです。

　理由は、傷むからです。強い1剤を塗布して放置すると髪がゴワつき、その状態をアイロンで無理矢理、引っ張って伸ばす。しかもそこまでしても伸びないクセがあったり…。ストレートパーマには、そういう偏見がありました。だからサロンでは、もっぱらクセを活かしたカット＆カラーの提案が大半でした。

・・・

　そんなある日です。クセで悩んでいる、ひとりのお客様が来店されました。いつものようにその方にもクセを活かす提案を切り出す僕。そのとき、こう言われたのです。

　「クセを一番気にしてるのは、私なのよ。なのに、さっきからなぜ、そんなにクセ、クセって言うの。私は、このクセを治してキレイになるために、ここに来たのに。美容室って、誰もがキレイになれるところじゃないの？」。

　特に最後の一言がグサッときました。今から5年前の話です。この出来事がひとつの契機となって、鈴木佳一郎氏と僕でストレートパーマの研究が始まりました。週3回、多いときには毎日、実験に明け暮れました。すると面白いことに「傷む」「質感が悪くなる」といった、これまで僕らが考えていたストレートパーマの偏見は1つずつ消えていきました。気づいてみると、試した人頭は8,000人。その段階でやっと、施術のコツが理論として整理できるようになったのです。

・・・

　本書では、そうしたストレートパーマのポイントを余すところなくご紹介します。内容もなるべく難しくならないように、セミナーで僕らがレクチャーするような口調でまとめています。またイメージしにくいテクニック写真には、矢印などをふんだんに使い、施術が見て分かる流れを意識しました。さらに付録のDVDとセットで勉強すれば、技術のポイントは確実に早くマスターできるはずです。

　難しいことはありません。コツをつかむだけなんです。それさえクリアしてしまえば、ストレートパーマの世界がパッと広がります。その感動ったらありません。あのお客様のクレームから5年かかってたどり着いた僕らの完全ノウハウ、あなたにもおすそ分けできたら幸いです。

STRAIGHT PERM PERFECT MANUAL
Prologue

Items

ストパー施術で活躍するアイテムたち

本編に入る前に、ストパー施術で使用するアイテム（道具）について解説します。いい施術には、いい道具が必要？！ まずはそれぞれのアイテムの機能と特徴を理解しましょう。

シングルピン
ブロッキングよりも細かな箇所の髪を留める場合に使用。ダッカールと同様、留める力は強すぎないものをチョイスする。

ダッカール
ブロッキング時の髪留めに使用する。留める力が強すぎると、薬剤のついた不安定な髪を傷める恐れがあるので、適度な力のものを選定する。

アイロン
アイロン操作で使用。温度調節が豊富なものが可。また機動性の高いコードレスタイプなどが望ましい。

コーム ▶▶▶
アイロン操作時に使う。歯の密度や幅が通常のリングコームであれば問題ない。

ドライヤー
ドライング時に使用。温度調節や風力調節が、豊富なものであるほうが望ましい。

ラップ ▶▶▶
薬剤を塗布した後の放置時に使用。頭全体を覆うものなので、幅のあるものが望ましい。

STRAIGHT PERM PERFECT MANUAL
Items

◀◀◀ **アプリケーター**
2剤塗布時に使用。2剤は粘度があるため、剤の出やすさを考え、口の部分が大きめ、かつ、ボトル部分が押しやすいものが望ましい。

▶▶ **カップ**
1剤を入れるためのもの。基本的にはどんなものでも可だが、薬剤の色と同系色だと施術中に薬剤の残りが確認しにくいので注意。

▶ **ブラシ**
ドライング時に使用。柄は木製で軽めのものがよい。ブラシ部分はカマボコ型で半面にブラシがあるものが望ましい。

グローブ
1剤、2剤の塗布時に使う。基本的には伸縮性の高いものが望ましい。

◀◀◀ **タイマー**
放置時の時間管理で活用する。基本的にどのようなタイプのものでも可。サロンで使い慣れているものを使用する。

ハケ ▶▶▶
1剤を塗布するときに使う。ハケの反対側にコームのついたタイプだと、一連の施術がスムーズに行える。

ベーシック編
ストパーの"技"を磨こう

Basic

クオリティの高いストレートデザインを実現するために、
まず必要なこと、それは基本を知ること。
この章では、施術の流れや技術のポイントを整理して、
まずあなたに確かな技を身につけてもらいます。
ちなみに内容は、ストレートパーマに苦手意識のある人でも
十分理解できるよう分かりやすく、かつ、簡潔になっています。
ここからは、堅苦しい話は置いておきましょう。
ストレートパーマも、"ストパー"と略して進めていきます！

Basic

例えればカンタン!! ストパー施術 1

施術の意味を理解しよう

　さあ、これからストパーのセミナーが始まります。皆さん、準備はいいですか？

　結構、ヤル気満々の方が多いですね。でも、ちょっとだけ肩の力を抜いてください。最後まで持ちませんからね。

　さて、まずセミナーの初めに理解しておくことがあります。それは、ストパー施術の中身です。

　理由は、あなたがストパーの施術をしているときに自分がどんなことを髪に行っているのかイメージするのと、しないのとでは、仕上がりのクオリティに差が出るからです。

　ストパー施術の各プロセスの中で自分が髪の毛にどのようなことを行っているかを理解し、「今、髪の毛は、デリケートな状態だから、気をつけないと」。そう意識することが大切です。

　そのために、ここでは、ストパー施術のメカニズムについて学びましょう。「えっ、メカニズム？」って、今、嫌な顔した人がいました。でも大丈夫です。安心してください。

　ここでは毛髪科学の難しい用語は極力使わずに、例え話をメインに解説していきます。今回はストパー施術を「洋服のアイロンがけ」に例えて考えます。

ストパー施術を「アイロンがけ」に例える

1 洋服を選別する

洗濯が終わった洋服。素材によってはシワのつき方が様々です。また、シルクや綿では、アイロンのかけ方が違ったり、アイロン禁止のものあります。まずはアイロンがけの前段階で、素材の違いやシワのつき方から、洋服を選別する必要があります。

▶ これは、ストパー施術の「毛髪診断」に相当します。毛髪を選別するときは、同じ髪でも、パーマがかかりやすい髪と普通の髪、かかりにくい髪の大きく3種類に分けるのが基本。また毛髪診断時の、一番のポイントは髪の「弾力」と「水分浸透性」の2点です。

2 霧吹きで糊づけし、シワ伸ばしの準備

洋服を選別したら、今度は、霧吹きで糊づけしシワ伸ばしの準備をします。シワのつき方によっては入念に吹きつけるもの、そうでないものがあります。ただしこのとき洋服は湿っているので、汚れがつきやすい状態。慎重に扱わないといけません。

▼

これは、ストパー施術の「1剤塗布」に相当します。1剤は髪をやわらかくする働きがあります。それにより、クセが伸びやすくなるんです。同時にここでは薬の影響で髪はとてもデリケートな状態。上の湿った服と同じように取り扱い注意です。

> **もっと知りたい人は…**
> ちなみに髪がやわらかくなる効果を軟化といい、ここでは毛髪科学の1剤の「還元」作用と毛髪の「膨潤」が関係している。

STRAIGHT PERM PERFECT MANUAL
Basic

3
アイロンがけ

糊づけしたところにアイロンをかけていきます。このとき、アイロンの温度が高すぎると服がこげてしまうし、低温すぎだとシワは伸びない。シワの出方や服の素材に応じて温度を微調節します。適温でも同じ箇所に長時間アイロンをあてすぎると服は加熱され、こげてしまうことも。

▶ ストパー施術では「ドライング」や「アイロン操作」に相当。糊はつけたままですが、1剤は流すのが鉄則です。そしてアイロン操作は温度とかけ方が命。温度は髪質に応じて、100℃〜140℃で調節、操作はプレスではなくスルーが基本です。さらにこのときの髪はまだデリケートな状態ですよ。

もっと知りたい人は…
髪にアイロンをあてすぎると熱の影響で「熱変性」を起こす。
また一か所に長時間アイロンをあてすぎると髪の毛が炭化する。
熱変性…生卵がゆで卵になるように熱の力で形を変えてしまうこと。
炭化……髪のタンパク質が熱の影響で炭素を多く含み、炭のようになってしまうこと。

4
ハンガーに吊るす

しっかりとシワが伸ばされたシャツも、そのままポイと置いておくと、変な折り目がついたりします。そのため、アイロンがけした洋服はハンガーに吊るして、カタチをキープする必要があります。もちろん、ハンガーに吊るすときもしっかりとかけないと型崩れすることも。

▶ これは、ストパー施術の「2剤塗布」に相当します。「1剤→ドライング→アイロン」のプロセスでクセを伸ばした状態を2剤でキープさせます。1剤でやわらかくなった髪がこの段階で初めて元に戻ります。ちなみに、2剤も全体に均一に塗布しないと、クセが戻るような型崩れを起こします。

もっと知りたい人は…
1剤でやわらかくなった髪を元の状態と同じように戻す2剤の作用を、毛髪科学では「酸化」という。

Points

ストパー施術の
ポイント

Point 1 施術でスライスを取るときは、厚さは1〜1.5センチで、オンベースに取る

▼

Point 2 1剤塗布時のハケは、髪の中に軽く押し込むイメージで

▼

Point 3 ドライングは髪の落ちる位置に忠実に

▼

Point 4 アイロン操作はプレスじゃなく、「スルー」

▼

Point 5 2剤塗布は、手の平で押さえ込むように

▼

この5つがストパー施術の技術的なポイント。これらを改善するだけでも、あなたの腕はバツグンに磨かれますよ。

おっと、今、「そのくらいのポイントなら、知ってるよ」と言った人がいたような気がしました。その人、さすがです。

そういう人のために、これから始まるページでは、さらに細かな技術ポイントもまとめています。

ストパー施術の1剤塗布から、軟化チェック、ドライング、アイロン操作、そして最後の2剤塗布まで、各見開き2ページ使ってばっちり解説します。

さらにそれぞれのコーナーの右上には、技術のチェック項目も掲載。特にこれは、自分で自分の技術チェックをするときに使ってくださいね。

Blocking　施術を始める前の前提条件

ブロッキング

STRAIGHT PERM PERFECT MANUAL
Basic

　ストパー施術用のブロッキングは、1剤塗布時と、ドライングおよびアイロン操作時、さらに2剤塗布時で分ける必要があります。
　理由は、1剤がついた髪は方向性がつきやすいためです。先ほどのコーナーにもあったように1剤が塗布された髪はやわらかくなるため、クセが伸びる以外に、方向性もつきやすい状態になっています。
　だから、1剤塗布後はブロッキングを取り誤ると、施術自体がうまくいっても、仕上がりは不自然な毛流れになってしまうこともあるんです。これがブロッキングを変える理由。
　1剤用のブロッキングは、頭を4ブロックに分けたもので「4ブロック」と呼びます。これは、効率的かつスピーディに1剤を塗布するときに一番適したブロックの取り方です。
　それ以外のプロセスで使用するブロッキングは、頭頂部を馬蹄形のブロックで取りつつ、髪が自然に落ちる位置で5つに分けるのが特徴。「5ブロック」と呼びます。5ブロックは2種類あります。詳細は下のイラストを見て、しっかりとマスターしてください。

4ブロック
1剤塗布のブロッキング

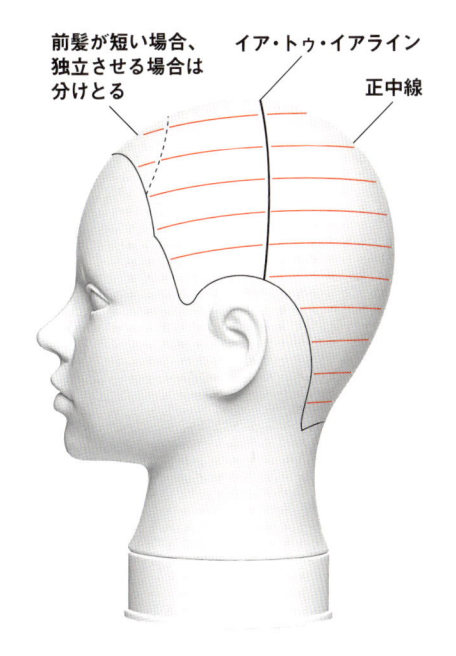

正中線とイア・トゥ・イアラインで全体を4つのブロックに分ける

5ブロックⒶ
ドライング・アイロン操作のブロッキング

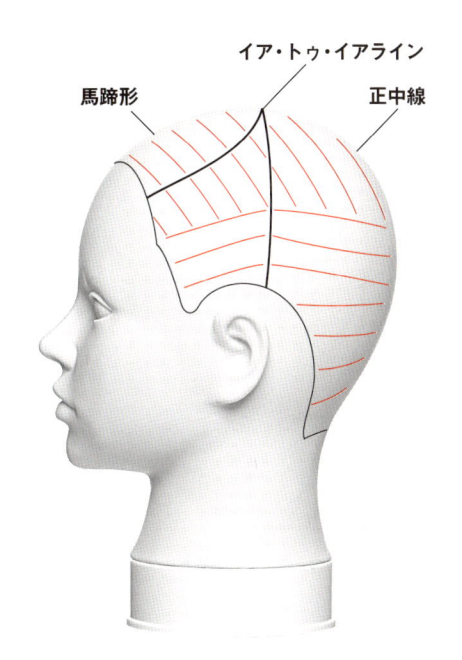

まず4ブロックで取り、トップは、目尻の延長線上からつむじ部分を結ぶ線を馬蹄形に取る。

5ブロックⒷ
2剤塗布のブロッキング

＊スライスは取らずにブロックごとに塗布

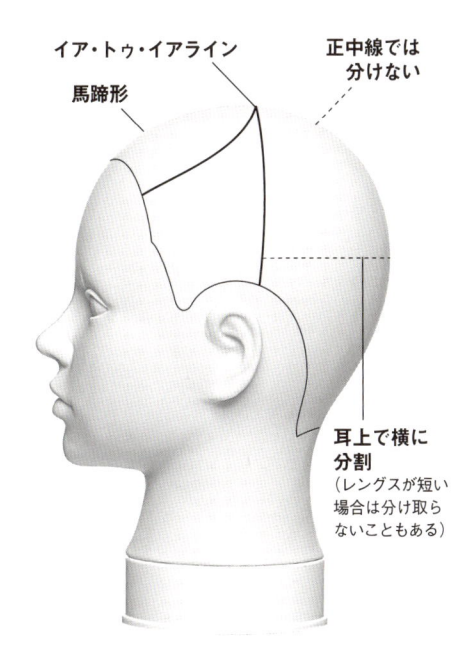

まず5ブロックⒶで取り、バックのみ、耳上3センチのところを結ぶ線で横に二分割する。

―― 、……＝ブロッキング線　――＝スライス線

Process

1. 1剤塗布

1剤塗布は、スピーディかつ正確にすることが重要。なぜなら正確に塗らずムラがあると薬剤は均一に作用しませんし、仮にキレイに塗ったとしても、塗るのが遅いと最初に塗った箇所と最後に塗った箇所での1剤の作用にムラが出るからです。ここでは、そうならないためのポイントを完全に整理しています。

Point ポイント ハケを毛束に軽く押し込むように

塗布するときは、ハケを毛束の中に軽く押し込むにようにする。こうすると薬剤を毛束の裏側までスムーズに行き渡らせることができる。

1 1剤塗布。まずは4ブロックにブロッキング。

2

3  ネープから塗り始める。まず、厚さ1〜1.5センチのスライスをオンベースに引き出す。

4 取ったスライスの根元1センチあけて、1剤を塗布。

NG 失敗例 厚めのスライスでダウンステムに取って、ムラづけ

a／スライスを厚めに取り、
b／ダウンステムにして塗布。こうすると裏面にはほとんど塗布されない。

STRAIGHT PERM PERFECT MANUAL
Process

Check!
チェック項目

- 塗布するのは、ネープから
- スライスの厚さは、1〜1.5センチを目安に
- スライスの角度は、オンベースをキープ
- 塗布するときは、ハケで軽く毛束の中に押し込むように
- コーミングは歯元で薬剤を取らないようにノーテンションで
- 1剤を塗布した毛束は指で泡立て、薬剤の浸透をよくする

Point ポイント 塗布後は泡立てる

1剤を毛束全体に均一に塗布したら、泡立てる。こうすると薬剤がより均等に行き渡る。

Point ポイント スライスはオンベースをキープ

オンベースに引き出すと、ハケがしっかりと接触しやすくなる分、取った毛束の内側までまんべんなく均一に薬剤を塗布しやすくなる。

5 **6** **7** **8**

5／ネープが終了したら、トップに向かって同様に塗布していく。

6／1剤塗布後のコーミングは、歯元を毛束につけないように寝かせてスルーする。

7／バック終了後、サイドに移行。サイドもスソからトップに向かって、同様に1剤を塗布。

8／1剤塗布終了。

NG 失敗例 コームの歯元を毛束に接触させ、1剤をすくい取る

a／コーミング時には、コームの歯元を毛束に接触させてスルーしたため、1剤がすくい取られ毛先に溜まり、全体がムラづけに。
b／こうした一連の塗り方をすると、裏面はさらにムラづけになってしまう。また、このまま放置すると不完全な軟化に終わってしまう。

Process

2. 軟化チェック

軟化チェック法は、以下の4パターン。サロンでは、タイムを見ながらそれぞれのチェック法を試し、現状、毛髪がどの軟化状態かを理解することが重要です。またチェック箇所は、①表面、②バックトップの内側、③サイドの表面、④ネープの4箇所で調べると、全頭での、より正確な軟化状況がつかめます。

丸める

1 毛束を引き出し、指に巻きつけ、

2 引っ張っているほうの指を離して毛の戻り具合をチェック。（丸まったままなら50％軟化の状態と判断）。

折る

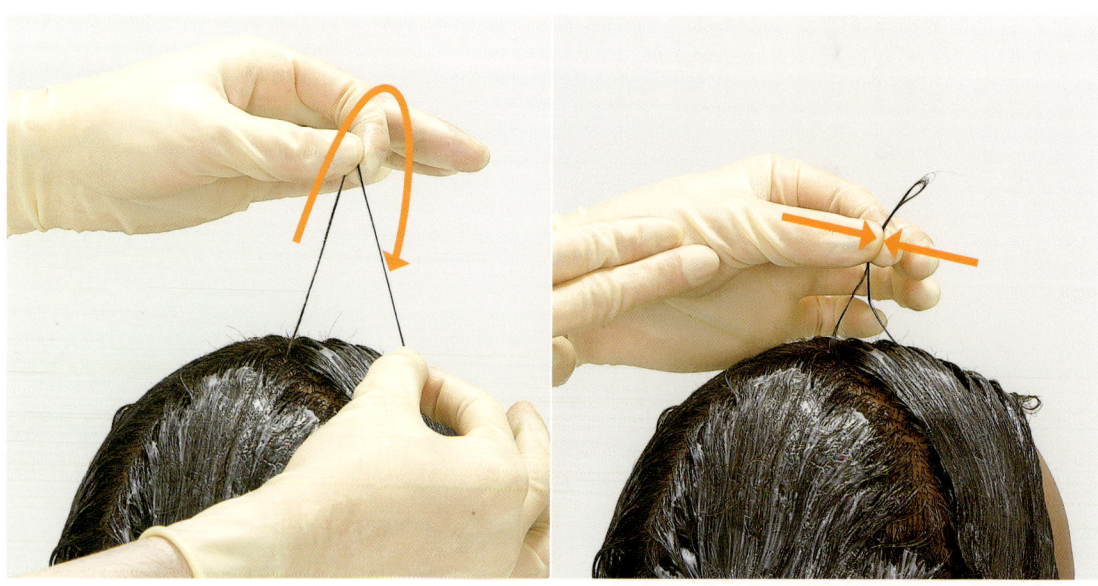

1 毛束を引き出し、中間部分をつまみ、もう一方の指で曲げてく。

2 曲がっているところをさらに指でつぶしてみて、戻り具合をチェック（戻らないようなら60％軟化の状態と判断）。

STRAIGHT PERM PERFECT MANUAL
Process

Check!
チェック項目

- ☐ 丸める ……… 40％軟化
- ☐ 折る ………… 60％軟化
- ☐ コームスルー … 70％軟化
- ☐ 引っ張る ……… 0〜100％軟化

コームスルー

1 バックトップのセクションに根元からコームを入れ、

2 そのまま毛先までコームスルー（この状態でクセがなくなるようだと70％軟化の状態と判断）。

引っ張る

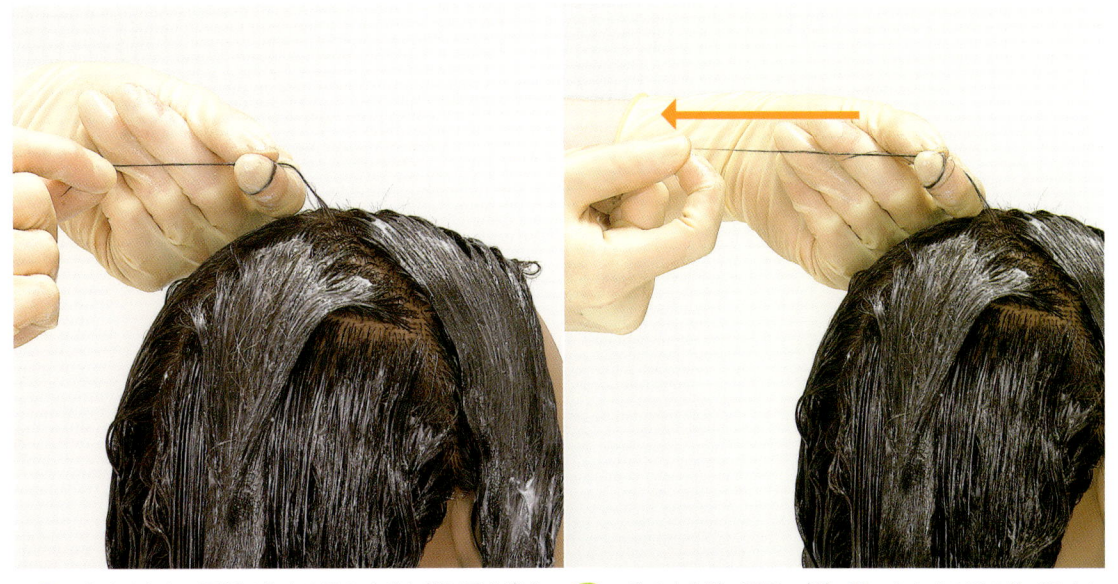

1 丸めるときの要領で片方の手の人差し指に毛を巻きつけて、もう一方の手で毛先を持ち、

2 そのまま引っ張る。（引っ張ったときの髪の伸び具合に応じて軟化の度合いを判断する）。

＊軟化チェックの方法と軟化度合いの関係はあくまで目安です。剤の粘性などによって多少の誤差が出ることもあります。

Process

3. ドライング

この段階の毛髪は、軟化したままのデリケートな状態。それだけに髪をダメージさせないドライの仕方がポイントになります。また最終的な毛流れ感のナチュラルさは、ここで決まります。つまり、ドライングは仕上がりのフォルムと質感のベースをつくる重要なプロセスと言えます。このコーナーでは、その際のポイントを細かく解説。

Point ポイント 髪からすぐ抜き取れるテンションで

ブラシのテンションの目安は、髪に接触してもすぐに抜き取ることができる程度のテンションをキープすること(この段階で髪が絡まるようだと、テンションが強すぎ)。

1
1剤塗布後、軟化チェックし、水洗した状態。この状態をドライしていく。 

2
5ブロックにブロッキングする。

3

4
フロントからドライしていく。まず、厚さ1.5センチのスライスを取り、ウエットの状態からノーテンションで表面を軽くブラッシング。 

NG 失敗例 スクランチドライで髪を絡めてしまう

スクランチドライで乾かしている。こうすると、髪が絡みついて物理的損傷につながる。

STRAIGHT PERM PERFECT MANUAL
Process

Check!
チェック項目

- ドライするのは、フロントから
- スライスの厚さは、1〜1.5センチを目安に
- スライスの角度は、オンベースをキープ
- ドライヤーは高温の強風で
- ブラシはノーテンションで
- 髪が自然に落ちる方向に沿うようにドライヤーをあて、ブラッシング

→ ドライヤーの風
← ブラシの動き

NG 失敗例 — 下から風をあて さらに髪が絡まる

ドライヤーの風を下から当てている。そのため髪が広がり、さらに絡みつきに拍車がかかってしまう。

5
つづいて、髪が自然に落ちる方向をなぞるようにドライヤーを当てる。4で取った毛束の裏側もノーテンションでブラッシング。

6
トップまで、そのまま同様にドライしていく。それ以外のセクションも矢印を目安に、髪が自然に落ちる位置に沿って同様にドライ。

7
サイド、生え際の順で同様に乾かし、最後にバックも髪の落ちる方向をなぞるようにドライしていく。

8
ドライ終了の状態。ドライングした段階でほとんどのクセが消えている。

NG 失敗例 — バサついた 乾き上がり

スクランチドライ後の状態。全体がバサつき、物理的損傷が進んでしまった。

Process

4. アイロン操作

自然な毛流れをつくる場合は、絶対、プレスしてはいけない。これが自然なストレート感を出すためのアイロン操作の鉄則です。ドライした髪の落ち方をなぞるようにノーテンションでアイロンをスルーさせ、毛流れ感やツヤ感を向上させていく――。これが理想のアイロン操作。そのためには、どんな技術的な工夫が必要かを見てみましょう。

NG 失敗例 毛流れを無視したブロッキングで厚めのスライスを取る

a／自然に髪が落ちる位置を無視して、センターパートでブロッキングしている。この状況でアイロンを入れると人工的な毛流れになる。
b／3センチくらいの厚めのスライスを取り、ネープから取る。スライスが厚すぎするのでアイロンのムラにつながる。

1
5ブロックでブロッキングし、フロントから始める。まず、厚さ1.5センチのスライスを取る。 

2
オンベースに取った毛束の根元にアイロンを当て、

3
そのまま中間までノーテンションでスルーさせる。

4
毛先にいくにつれ、髪の落ちる位置に沿うようにステムをダウンし、ノーテンションでアイロンをスルー。

NG 失敗例 テンションをかけて毛を引っ張り、アイロンでプレス

根元からプレスする。このとき、同時にフォローする手はテンションをかけて引っ張っている。

NG 失敗例 中間、毛先もテンションをかけてアイロンプレス

中間部、毛先も同様にアイロン操作。これにより、毛髪は熱変性し、パサついたような仕上がりになってしまう。

STRAIGHT PERM PERFECT MANUAL
Process

Check!
チェック項目

- アイロン操作は、フロントから
- スライスの厚さは、1〜1.5センチを目安に
- スライスの角度は、オンベースをキープ
- スライスを持つほうの手は、毛束をたるませない程度のテンションで
- アイロンの温度設定は、140℃が基本
- 髪の落ちる位置に沿わせてアイロンを入れ、ノーテンションでスルー

Point ポイント　支えるほうの手は、たるませないくらいのテンション

アイロンを持たないほうの手は毛束がたるまない程度に持つ（毛束を引っ張ると、テンションがかかり、その分、髪のダメージにつながりやすくなる）。

5
つづいてサイドも同様にアイロン操作。まずはオンベースで引き出し、根元からアイロンをスルー。 

6
毛先になるにつれ。髪の落ちる位置に沿うように、同様にノーテンションでアイロンをスルーしていく。

7
つづいてバックのアイロン操作。他のセクションと同様の考え方でアイロンスルーしていく。

8
最後にバックトップにも同様にアイロンをスルー。写真は、アイロン操作終了の状態。

Point ポイント　毛先はコームでフォローする

毛先にアイロンを入れる場合、アイロンを持たないほうの手をコームでフォローすると、ノーテンションのままスルーできる。

Process

5. 2剤塗布

これまでのプロセスでつくったフォルムや質感を固定させるのが、2剤塗布のプロセスです。それだけにこの行程をしっかりやらないと、これまでの苦労も水の泡になってしまうことも。2剤塗布もポイントは、1剤塗布と同様、スピーディかつ正確な塗布の仕方にあります。ここでは、その最後のポイント、2剤塗布の工夫をまとめていきます。

NG 失敗例　毛流れを無視したブロッキング

毛流れを無視したブロッキング。この状態で2剤を塗布すると、酸化作用により不自然な毛流れ感が固定されてしまう。

Point ポイント　裏側もしっかり押さえ込む

裏側も手の平で押さえ込んで、2剤の浸透を均一にするのがポイント。

1
アイロン操作まで終了した状態を5ブロックにブロッキング。 

2
ネープから2剤を塗布。まず、縦に線を描くようにアプリケーターで塗布していく。

3
つづいて、今度は手の平で軽く押さえ込むようにして毛束の内側にも2剤を行き渡せる。

4
さらにノーテンションでコーミングする。

NG 失敗例　表面からジグザグに塗布

いきなり、表面から塗布。しかも横に線を描くように塗布している。こうすると、髪の内側まで薬剤が行き渡らない。

STRAIGHT PERM PERFECT MANUAL
Process

Check! チェック項目

- 塗布するのは、ネープから
- スライスの厚さは、1〜1.5センチを目安に
- スライスの角度は、オンベースをキープ
- 塗布するときは、アプリケーターで縦に線を描くように
- 2剤を塗布した毛束は手の平で押さえて、薬剤の浸透をよくする
- コーミングは歯元で薬剤を取らないようにノーテンションで

Point ポイント　トップは真上に向けてコーミング

コーミングも真上に向けて行う。塗布後、2剤の反応が始まるため、毛束をいきなり倒すと折れにつながる可能性があるので。

5

同様にバックトップも2剤を塗布し、手の平で押さえ込み、最後にノーテンションでコーミングする。

NG 失敗例　テンションをかけてコーミング

テンションをかけてコーミングすると、髪への負担がアップ。同時に薬剤は髪全体に行き渡らないままに。

6

づづいて、サイドの塗布。同様にアプリケーターで2剤を塗布し、押さえ込み、コームスルーの順で行き渡せる。

7

トップに2剤を塗布する場合は、髪を真上に持ち上げてつける。その後、アプリケーターを持っていた手で軽く2剤を押さえ込む。

NG 失敗例　完全なムラ塗り状態

26〜27ページのNGの塗り方をすると、裏側はほとんど薬剤が行き渡らず、完全にムラづけに。このまま放置しても不完全な酸化に終わってしまう。

8

最後にトップはノーテンションでバックシェイプさせ、2剤塗布終了。

Process

6. 仕上がりで比較しよう

技術のポイントに則ってストパー施術したものと、よくありがちな誤った施術法でつくったものの2つを比較。
仕上がりを見れば、一目瞭然です！ この章の技術ポイントをマスターするだけで、
ここまでのストレート感が表現できるということが理解できるはずです。

OK クセが完全に矯正され、自然な毛流れ感になっている。
適度なツヤ感もキープされている。
触ってみると手触りもよい。

STRAIGHT PERM PERFECT MANUAL
Process

Before
ミディアムレングスの縮毛。強い波状毛が全体にある。

NG 前髪の根元の不自然な立ち上がりが目につく。
ある程度全体にクセは伸びているが、毛先にいくにつれ、チリつきがひどい状態。
触ってみるとゴワつきを感じる。

Skill Up Question 1

なぜストパー施術で
アイロンをつかわなかったのか？

このコーナーでは、あなたのスキルアップに役立つストパー施術の疑問を1つピックアップ。
それに対する回答と、そこからさらに掘り下げたストパー施術上達のためのプラスαをお届けします。

　ベーシック編のトラブルシューティングの中で、アイロンを使わないストパー施術がありました。これを見て、きっと疑問に思った方がいるのではと思います。

　このページでは、その疑問にお答えしようと思います。アイロンを使わずにストパー施術をするケースについてです。アイロンなしのケースは、大きく3つあります。

　1つ目は、クセの度合いがまだ波状毛系（右下の図を参照）の場合。通常、毛髪は60％くらい軟化すると、波状毛系のクセは伸ばすことができます。ですから、強い縮毛ではない波状毛の範囲なら、アイロンなしで施術することも可能です。

　2つ目、それは、上記の髪質の範囲内で、仕上がりのフォルムに丸みや弾力を求める場合です。これも軟化度合いと関係します。髪本来の弾力は、60％くらいの軟化までならまだ残っています。そのため弾力感を残すストパー施術では、アイロンを使わずにドライングで丸みをつけることもあります。

　それと、もう1つ、最後のケースは、極端な縮毛や連珠毛などの髪でも、ゆるやかにクセを残して仕上げる場合です。これは特に、部分にある強いクセを、周りの弱いクセと馴染ませる場合などではかなり有効です。

　アイロンを使わずにストパー施術をすると、丸みをつけやすかったり、周りのクセと馴染ませられるといったメリットがあります。

　しかし反面、クセの度合いによっては戻りが出やすかったり、持ちも1か月くらいだったりというデメリットもあります。

　施術をする場合は、そうしたことを前提にアイロンを使うかどうかを考えましょう。

　基本は、髪の状態と狙いの仕上がり感に応じて施術を考えることです。ここでは、そのための予備知識として、クセの種類と軟化度合いの目安を表で整理しました。そちらも是非、活用してみてください。

クセの種類と軟化度合いの目安

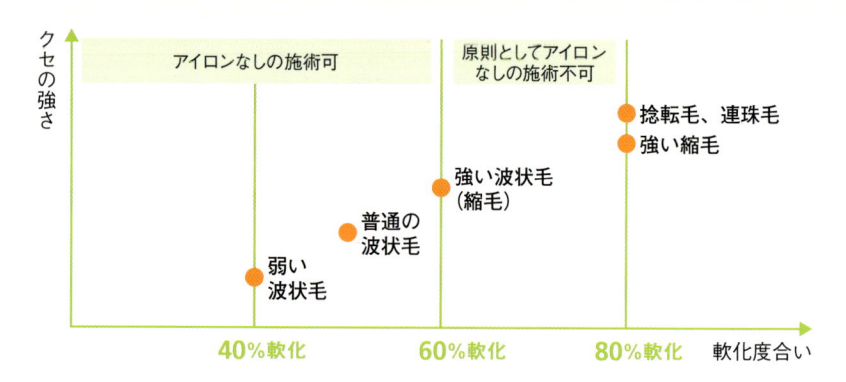

縦軸：クセの強さ　横軸：軟化度合い

	アイロンなしの施術可	原則としてアイロンなしの施術不可
	弱い波状毛（40％軟化）	
	普通の波状毛（60％軟化）	強い波状毛（縮毛）
		捻転毛、連珠毛／強い縮毛（80％軟化）

波状毛系

弱い波状毛
Cカールくらいのクセ毛。デザインとしても十分に活かすことが可能なクセ

普通の波状毛
Sカールくらいのクセ毛。デザインとしても活かせるが、クセが気になると思う人も出てくる

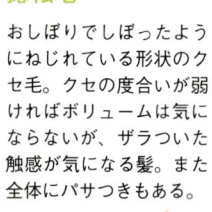

強い波状毛（縮毛）
細かいSカールのクセ毛。ここまでくるとボリュームが抑えられなくなり、ストパーを求めるのが普通。

それ以外のクセ

強い縮毛
波状の出方が極端に細かく、縮れている毛。アフロヘアのようなウエーブ感。ストパーなしでは質感は変えられない。

捻転毛
おしぼりでしぼったようにねじれている形状のクセ毛。クセの度合いが弱ければボリュームは気にならないが、ザラついた触感が気になる髪。また全体にパサつきもある。

連珠毛
数珠をつないだような凹凸が細かくあるクセ毛。程度が低い場合はボリュームが出ないが、ポコポコした触感が気になり、パサついて見える。

Trouble Shooting

ベーシック編
トラブルシューティング

ここでは、サロンでよくある初歩的なトラブルを解決します。
解決する問題は、大きく2つ。
まずはミディアムレングスでボリュームダウンさせるケースへの対応法。
そしてもう1つは、難しいとされるショート、
ボブの短いレングスへのストパー対応法です。
2パターンで合計3例のポイントをマスターし、
ストパー施術の腕に磨きをかけよう！

Trouble Shooting Basic

トラブルシューティング ベーシック編

1. 広がりが収まらないミディアムの縮毛のボリューム感を抑える

Before

ミディアムレングスに切られた縮毛。
縮毛度合いが強く、量感も多いため、横にワイドに広がっている。

STRAIGHT PERM PERFECT MANUAL
Trouble Shooting Basic

After

縮毛が完全に矯正され、フォルムもタイト。
全体にスリークでシャープなフォルムにチェンジした。
＊仕上がりは、ストパー施術後、アウトラインのみ質感カットで束感をつくっています。

1. 広がりが収まらないミディアムの縮毛のボリューム感を抑える

1剤80％軟化で、ワイドなフォルムをボリュームダウン

1
4ブロックにブロッキング。

2
1剤塗布。厚さ1.5センチのスライスをオンベースに取り、根元1センチあけて塗る。毛束にハケを軽く押し込むように塗布し、ノーテンションで塗布していく。

3
骨格に強くアールがついている耳上にかけてのエリアは、均一に塗布しにくい。そこでまずスライスをリバースに引いて、塗布。

4
今度はフォワードに引いて塗布する。

5
こうすることによって、1枚のパネルの根元から毛先までの両面に均一に1剤を行き渡らせることができる。

6
20分放置後、引っ張りによる軟化チェックを始める。まずバックトップから毛束を取り出し、人差し指に毛束を巻きつけて、

7
引っ張る。引っ張ったときの毛の伸び具合が適度なら、放置を終了する（このときの放置タイムは30分）。その後、水洗する。

8
つづいてドライング。5ブロックⒶに分けて、フロントから乾かしてく。

STRAIGHT PERM PERFECT MANUAL
Trouble Shooting Basic

Technique Point
技術ポイント

縮毛度合いが強く、毛量も多いタイプ。こうした髪をボリュームダウンさせるには、軟化度合いを80％までもっていくのがポイント。また、特に1剤はしっかりと、かつ、均一に塗布する必要があるので、頭の丸みを意識しつつ、スライスの取る方向を頭の部位に応じて微調節するのが重要になってくる。

↙ ドライヤーの風　← ブラシなどの動き

9
ドライングは、すべてセオリー通りに、髪が自然に落ちる方向をなぞるようにドライヤーの風を当て、ブラシでブラッシングする。

10
ドライング終了。

11
その後、アイロン操作。フロントから施術する。厚さ1.5センチのスライスをオンベースに取り、ノーテンションでアイロンをスルー。

12
すべてのアイロン操作は、セオリー通りに髪が自然に落ちる方向をなぞるようにスルーさせるのがポイント。

13
アイロン操作終了。

14
その後、2剤塗布。5ブロックⒷに分け、まずネープからアプリケーターを縦に入れて塗布し、手の平で押さえ込むように馴染ませる。

15
バック、サイドの順で進み、最後にトップを塗布。2剤を馴染ませたら、いったん、髪を真上に持ち上げてノーテンションでコームスルーし、2剤を全体に行き渡らせる。

16
最後にゆっくりと髪をバックシェイプさせて、根元が折れないように軽くかぶせる。タイムは5分＋5分の2度づけ。放置後、水洗して自然乾燥する。

35

Trouble Shooting Basic

トラブルシューティング ベーシック編

2. 短いレングスへの対応
ショートの縮毛を落ち着ける

Before

ショートにカットされた縮毛。縮毛度合いは、かなり強い。

STRAIGHT PERM PERFECT MANUAL
Trouble Shooting Basic

After

縮毛が完全に矯正され、髪に動きが生まれている。
質感もナチュラルな仕上がりにチェンジ。
＊仕上がりは、ストパー施術後、軽く量感を取り、アウトラインのみ質感カットで束感をつくっています。

37

2. 短いレングスへの対応 ショートの縮毛を落ち着ける

60％軟化に設定しドライングでつくる動きのあるストレート

1

まず4ブロックにブロッキングし、今回は前髪が短いので前髪のみ独立させて分け取る。

2

厚さ1.5センチのスライスをオンベースに取り、根元1センチあけて1剤を塗布。毛束にハケを軽く押し込むように塗布し、テンションをかけないように塗っていく。

3

毛先まで同様にテンションをかけずに塗布していく。その後、バックトップ、サイド共に同様に1剤を塗布する。

4

最後に前髪部分にも1剤を塗布。他と同様、オンベースに取った毛束にノーテンションで塗布していく。

5

1剤塗布終了。前髪は折れやすいので、サーマルペーパーで支え、テンションをかけずに根元が折れないように後ろに倒しておく。

6

15分放置後、軟化チェック開始。60％軟化を目指していく。まずは髪を折ったときの戻りで触診。

7

つづいて、引っ張る触診でチェック。まず、バックトップから毛束を引き出し、

8

引っ張る。毛の伸び具合が適度なら、放置終了（このとき放置タイムは23分）。その後、水洗する。

STRAIGHT PERM PERFECT MANUAL
Trouble Shooting Basic

Technique Point
技術ポイント

1剤は60％軟化に設定して、髪にある程度の弾力感を残し、タイトになりすぎない動きのあるフォルムを意識している。またここではアイロンを使わずに、ドライングのみでストレート感を表現（詳しくは、30ページを参照）。このときは、特にトップを乾かすときのテンションの入れ方に注意するのがポイント。

➡ ドライヤーの風　⬅ ブラシなどの動き

9
水洗の後、ドライングに移行。まずは、フロントから髪が自然に落ちる方向をなぞるように乾かす。

10
短い髪の場合、トップが特に絡みやすいのでブラシでドライするときは、まずテンションをかけずに、毛をすくい、

11
髪が自然に落ちる方向をなぞるようにドライヤーの風を当てつつ、その方向にゆっくりと髪を返していき、

12
最後に、毛先のブラシをすっと抜くイメージで、ノーテンションで乾かす。

13
フロントの次は、サイドも同様に髪の落ちる位置に沿うようにドライング。

14
最後に、バックも同様に乾かしていく。

15
ドライ後の2剤塗布。まずバック全体に縦に線を描くように塗布していく。薬剤を手の平で押さえ込み、馴染ませたら、サイドも同様に塗布していく。

16
最後に前髪に塗布。2剤を塗布したら、他と同様に手の平で押さえ込むようにして浸透させる。タイムは5分＋5分の2度づけ。放置後に水洗し、自然乾燥。

Trouble Shooting Basic

トラブルシューティング ベーシック編

3. 短いレングスへの対応
横広がりの縮毛ボブを小さくする

Before

ボブベースでカットされた極度な縮毛。
強いクセの影響でボブのフォルムが確認できない。
特に顔周りの縮毛度合いが強い。

STRAIGHT PERM PERFECT MANUAL
Trouble Shooting Basic

After

完全に縮毛矯正された状態。クセがなくなったことで、
適度な丸みのあるマッシュボブのフォルムになっている。

*仕上がりは、ストパー施術後、毛先の長短をそろえ、アウトラインを強調しています。

3. 短いレングスへの対応 横広がりの縮毛ボブを小さくする

コンパクトなマッシュボブのフォルムを
70％の軟化度合いで実現

1
全体を4ブロックにブロッキング。

2
ネープから1剤塗布。セオリー通りに、厚さ1.5センチのスライスをオンベースに取り、軽く押し込むようにハケを操作して、毛束全体に薬剤を行き渡らせる。

3
骨格のアールが強い顔周りは、特に均一に薬剤を浸透させる必要がある。そのため、まずスライスをやや後ろに引き、1剤を塗布。

4
今度はやや前方に引き、毛束をラウンドさせながら1剤を塗る。こうすると、頭の丸みによる塗布ムラがなくなるので、均一に薬剤が行き渡る。

5
18分放置後、軟化チェックを始める。まずはコームスルーした場合の毛の戻りを調べる。

6
つづいて引っ張りによるチェック。バックトップから毛束を引き出し、人差し指に毛束を巻きつけ、

7
引っ張る。引っ張ったときの毛の伸び具合が適度なら、放置を終了する（このとき放置タイムは27分）。その後、水洗する。

8
水洗後、ドライング。5ブロックに分け、フロントから乾かす。セオリー通りに、髪が自然に落ちる位置に忠実にドライ。

STRAIGHT PERM PERFECT MANUAL
Trouble Shooting Basic

Technique Point
技術ポイント

コンパクトかつ、適度な丸みを併せ持つマッシュボブをつくる。そのため軟化は70％に設定し、全体のバランスを調節。また骨格のアールの強い顔周りは、引き出すスライスの方向を微調節し、薬剤を均一に塗布する。フロント部分はアイロン施術時にやゃアールを利かせて施術しフォルムの丸みを強調している。

⬅ ドライヤーの風　⬅ ブラシなどの動き

9
その後、サイドも乾かし、最後にバックも同様にドライしていく。

10
ドライング終了。

11
つづいてアイロン操作。まず、厚さ1.5センチのスライスをオンベースに取り、根元にアイロンを当てる。

12
すると、中間から毛先は自然にたるんで曲線を描く。この自然に髪が落ちる方向をなぞるように、アイロンをスルーする。

13
毛先のアイロンをノーテンションのまま、すっと抜くときは、アイロンを持たないほうの手でコームを持ち、アイロンをフォローする。

14
顔周りにかかるフロントトップまで同様にアイロンスルーさせる。

15
アイロン操作終了。

16
2剤塗布。セオリー通りのつけ方で全体に塗布し、タイムは5分＋5分の2度づけ。最後に水洗し、自然乾燥。

アドバンス編
上達するための"コツ"をつかもう
Advance

第1章でしっかりとした技術を身につけた皆さん、
ストパー施術に関してかなりの手ごたえをつかめたのではないでしょうか。
でも、同時に前章の最後のほうを読んでいて、
何か引っかかったことはありませんでした？
「80％軟化」とか、「60％軟化」とか、
今まで聞き覚えのないワードが出てきたことと思います。
そう！ ストパー施術でもう1点重要なのが、この「軟化」。
ここでは、軟化をクローズアップします。
それに併せて、第1章で学んだテクニックをフォローする、
技術の「奥義」も大公開！
ここをマスターしたら、あなたの腕は確実にストパー上級者、
間違いなしです！

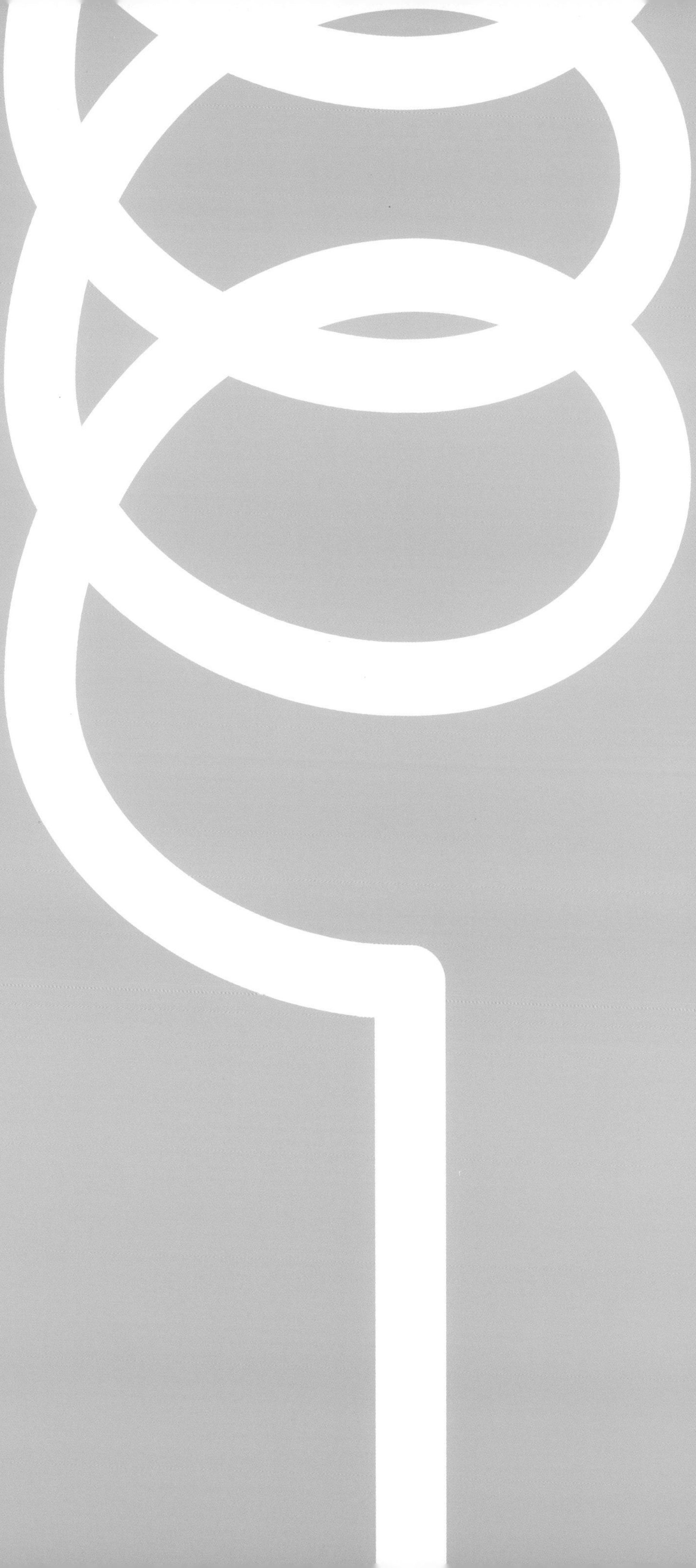

Advance

例えればカンタン!! ストパー施術 2
軟化の仕組みをマスターする

　さて、第1章のベーシック編が終わりました。きっと、皆さんの中では「なるほど！」とか、「そうだったんだ！」といった、驚きの発見も少なからずあったことと思います。

　でも、それと同時に最後のほうを読んでいて何か気づきませんでしたか？「あれ、これ、ナニ？」っていう別の発見、あったはずです。

　「60％軟化」「80％軟化」という、聞いたことのないワード。これに戸惑いませんでしたか。そう、何を隠そうこれがストパー施術で重要となってくるポイントワードなんです。

　このワードは、毛髪の軟化を、段階化して分けたもの。だから、60％とか、80％というように呼ぶんです。

　本章のメインは、この軟化度合いの解説です。でも、その前に、軟化って何だか分かりますか？「分かってるよ」って人も、「？」って人も、ここでちょっと軟化について復習しましょう。イメージで考えられるように、「パスタを茹で加減」例えてみます。

軟化を「パスタの茹で加減」に例える

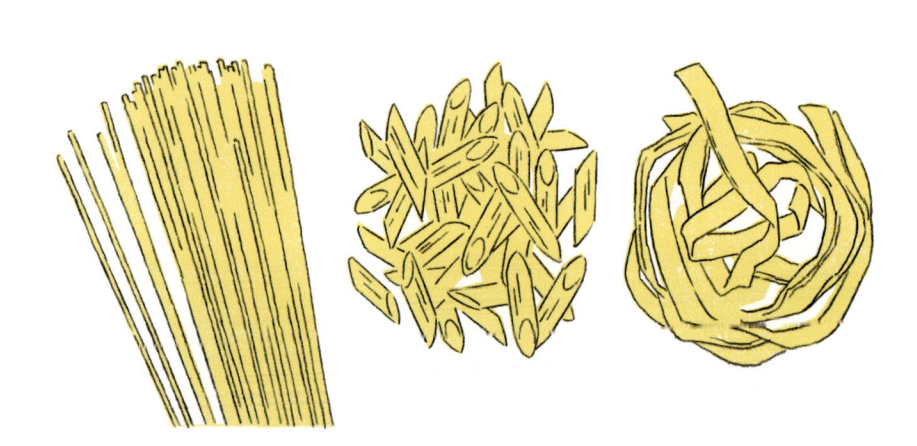

1 パスタの種類を見る

一口にパスタと言っても、太さや形状によってスパゲッティーニやフェットチーネ、ペンネなど種類は豊富。まずは、自分が料理するパスタの種類をチェックします。

▶ ストパー施術の毛髪診断と同じです。髪質は「かかりやすい」「普通」「かかりにくい」の大きく3パターンで考えます。プラス、クセの度合いもチェックします。

もっと知りたい人は…
クセは波状毛系のクセと、それ以外のクセに分類できます。

波状毛系…ゆるいクセ毛、普通のクセ毛、強いクセ毛
それ以外…強い縮毛、捻転毛、連珠毛

STRAIGHT PERM PERFECT MANUAL
Advance

3
アルデンテまで茹でる

あとはそのパスタにベストな状態（＝アルデンテ）まで茹でるだけです。シェフはこのとき、時間を見ながら断続的にパスタを1本お湯から取り出して硬さをチェックします。またアルデンテのタイミングは、パスタの太さなど種類によって変わってきます。

▼

これがストパーの軟化チェックなんです。つまり、軟化チェックは毛髪の軟化のアルデンテを探るプロセスだったのです。パスタの種類によってアルデンテのタイミングが違うように、毛髪の場合も髪質やクセの度合いによって軟化タイムは変わってきます。

2
鍋で茹でる

そのパスタの分量に応じたお湯を鍋に入れて、パスタを茹でます。沸騰したお湯の中で、パスタはどんどんやわらかくなっていきます。

▼

これと同じなのが、軟化です。その髪に合った1剤を選定し髪に塗布して放置した段階。1剤の作用によって髪もやわらかくなります。

もっと知りたい人は…

なぜ1剤を塗布すると髪がやわらかくなるのか、その理由は1剤のアルカリ剤と還元剤の相乗効果によります。

アルカリ剤…キューティクルを開く効果がある（それにより還元剤が浸透）
還元剤…毛髪内のS-S結合を切る。これによりクセがとれてきて髪もやわらかくなる

茹ですぎ、あるいは茹でなさすぎのパスタは、その後の調理でいくら調節しても、おいしくはなりません。そのため、シェフはお湯から取り出したパスタの弾力を見たり、指でちぎったりして常に感触の変化を確かめます。

▶ パスタの茹で過ぎはストパーのオーバータイム。逆に茹でなさ過ぎは軟化不足と一緒です。オーバータイム毛、軟化不足毛はその後の施術でフォローしても十分な仕上がりをつくることはできません。だから、軟化チェックはしっかりやらないといけないのです（忘れてしまった人は、20〜21ページで復習してください）。

Special Technique

毛髪診断を覚えよう

ここでは軟化チェックの本題に入る前に、軟化を知るための基本の「キ」である、「毛髪診断」を考えます。
さっきのパスタの話でも出てきたように、まずは、自分が施術する髪の状態を把握することが大切。
このコーナーでは、そのためのノウハウをコンパクトに整理しています。

ストパー施術に限らず、広くパーマ施術一般で髪質診断をする場合は、パーマが「かかりやすい髪」「かかりにくい髪」「普通の髪」の大きく3つに分けることができます。

そのときの診断の目安は、施術前の髪の水分の浸透度合いと、弾力感の有無の2つで考えます。ここでは、そうした毛髪診断の方法を伝授します。サロンでは、これを「ウォーターチェック」と呼んでいます。

手順は至ってシンプル。まず、毛束を引き出し、水スプレーを振りかけたときの髪の状態を診断。浸透すれば「かかりやすい」、はじけば「かかりにくい」と判断します。コームスルーしてもう一度チェックします。

さらに、その後、ウエットのままの毛束を指に巻きつけたり、引っ張ったりすることで弾力をチェックします。このとき、弾力があれば「かかりにくい」、弾力がなければ「かかりやすい」と判断するのがポイントです。

こうした「ウォーターチェック」で、施術前の髪のタイプを割り出したら、あとは、その髪質に合ったストパー剤をチョイスして施術してください。

基本は、あなたがお使いのストパー剤で構いません。一般的に「ハードタイプ」がかかりにくい髪用など、その薬剤の使用法に則って選定することをおすすめします。

ちなみに、このページ下に「ウォーターチェック」用の診断表をつけました。サロンで毛髪診断をするときに活用してくださいね。

ウォーターチェック診断表

診断表は、左側が診断項目で、右側には診断結果を記入するようになっています。記入は該当する状態に「○」印を記入するだけです。すべてのチェックが終わったら、もう1度表を見てください。そのとき、表の左側に○が3つ以上つけば、「かかりやすい髪質傾向にある」と判断します。逆に右側に○が3つ以上つけば「かかりにくい髪質傾向にある」と判断。ちなみに、「普通の髪質傾向にある」と判断する場合は、左側に○が2つついたケースがそうです。

	浸透する	はじく
水スプレー塗布		
コームスルー		

	なし	あり
丸めたときの戻り		
引っ張ったときの弾力		

STRAIGHT PERM PERFECT MANUAL
Special Technique

これが「ウォーターチェック」

1 プレシャンプー後、まず毛束を取る。ちなみにチェックする箇所は、髪の表面や内側など数か所の状況を判断するのが望ましい。

2 水スプレーをかけて水分の浸透をチェック。水分が浸透するようなら「かかりやすい髪」、浸透しない場合は「かかりにくい髪」と判断。

3 つづいてコームスルーして、水分を毛束全体に行き渡らせる。

4 この段階で再度水分の浸透をチェックする。ここで浸透するようなら、「かかりやすい」、しない場合は「かかりにくい」と判断。

5 今度はウエットの毛束を指に巻きつけ、その戻り具合で弾力をチェック。戻りがあれば「かかりにくい」、そうでなければ「かかりやすい」と判断する。

6 最後に毛束を引っ張って、その伸びにより弾力感の有無を調べる。伸びた後、弾力で戻るなら「かかりにくい」、そうでない場合は「かかりやすい」と判断する。

Special Technique

「軟化スケール」で軟化をマスターする

1.「引っ張る」軟化チェックのトレーニングの仕方

ここからは、ストパー施術のもう1つのキーテクニック「軟化」について考えます。軟化を判断する材料は、タイムや視診などいろいろ。でもその中で、実は、「引っ張ったときの感覚」を覚えるのが、軟化攻略の一番の近道なんです。このページでは、そのためのノウハウをご紹介します。

・・・

ここを読んでいる皆さんは、これまでにストパーの施術面のポイントをマスターしたはず。そして、薬剤選定のポイントとなる、毛髪診断法も理解できたはずですね。

それだけでも、ストパーの腕はかなりのもの。しかしその腕に、これから解説する「軟化スケール」のノウハウが加われば、一気に上級クラスまで昇れること間違いなしです。

ちなみに「軟化スケール」を理解するための前提は、2つあります。「軟化は進めば進むほど毛髪はやわらかくなるので、その分、伸びやすくなる」。このことを理解するのが、前提1。そして前提2は下のようになります。「これを『％』で段階化してスケールにしたものが『軟化スケール』である。

ちなみにサロンで必要なスケールは、40％〜80％の範囲である」。

そして、この2つを前提に「軟化スケール」をマスターするためのノウハウは1つだけ。

それは、「すべての軟化度合いは、ベーシック編に登場した軟化チェック法の中の『引っ張る』パターンで判断する（忘れてしまった方は、20〜21ページを参照）」です。

・・・

この2つの前提と、1つのポイントが自分のものになれば、あなたは間違いなくストパー上級者。しかも、ここでご紹介する判断法は、すべてあなたの「感覚」で捉えるものです。

髪を引っ張ったときの"引っ張り感"を記憶するのがポイントなんです。複雑な計算がいらない分、非常にシンプルですね。

しかし、一方でこれは"引っ張り感"という感覚にたよった判断であるため、個々人で判断の差が生じてしまいがちです。

ここでは、そうならないための軟化のトレーニングツールをご紹介します。それが、このページの下にある「ゴムチューブ」です。

チューブは、サロンで覚えるべき、軟化の状態に合わせて全部で5種類あります。

しかも、これらはどれもDIYショップや、大型量販店などで手に入るものばかりです。まずは、それぞれの寸法を参考に、5タイプのゴムチューブを入手してください。

・・・

さらに今回は、ゴムチューブを伸ばすときのフォームも解説しています。何といっても、軟化の判断は、引っ張ったときの感覚が命。それだけにフォームが違うと、そこで得られる感覚にはズレが生じてしまいます。

ちなみにフォームの基本は、引っ張るときの軸を固定すること。それにより、得られる引っ張り感の感覚がズレにくくなります。次ページの写真を参考にしっかりとフォームをマスターしてください。

軟化の各段階の引っ張り感を記憶するのは、必ず、その後です。しっかりとしたフォームで得られる感覚をマスターすれば、確かな"引っ張り感"があなたのものになるはずです。

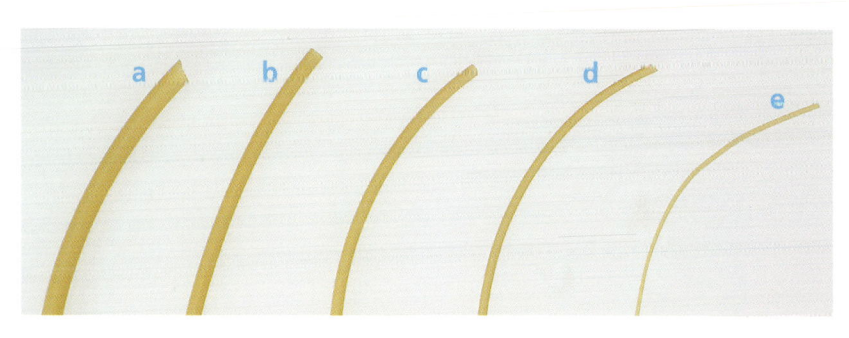

ゴムチューブの寸法(左から)

a／40％軟化チェック用…外径：5.8ミリ／内径：4ミリ
b／50％軟化チェック用…外径：4.6ミリ／内径：3ミリ
c／60％軟化チェック用…外径：3.2ミリ／内径：1.8ミリ
d／70％軟化チェック用…直径2ミリ
e／80％軟化チェック用…直径1.5ミリ(普通の輪ゴム)

STRAIGHT PERM PERFECT MANUAL
Special Technique

「引っ張る」パターン フォーム①

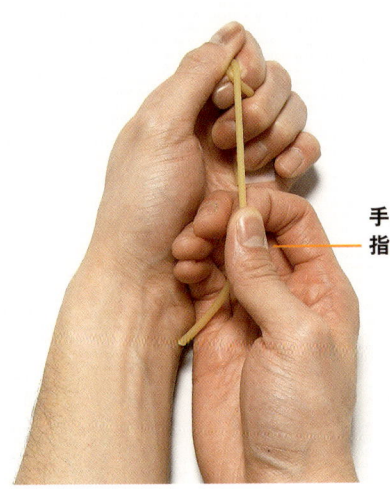

手の平の中に
指を入れて固定

そのまま
指の力だけで引っ張る

1 軽く握りこぶしをつくり、左手を上、右手を下にし、左手の手の平の中に、右手の指を入れて固定。

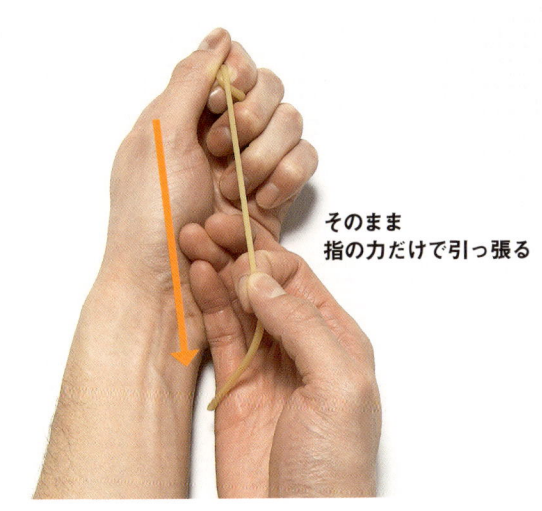

2 その指を固定したまま、指の力だけで手前に引っ張る。

「引っ張る」パターン フォーム②

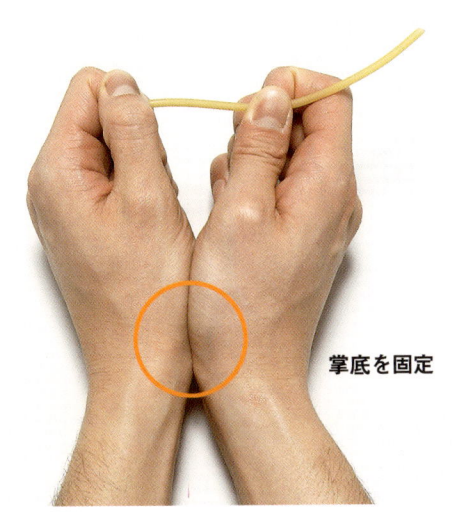

掌底を固定

指の力だけを
開くように
引っ張る

奥側は固定した
ままにする

1 両手を猫手にして向き合せ、掌底(手の平の底)を合わせる。

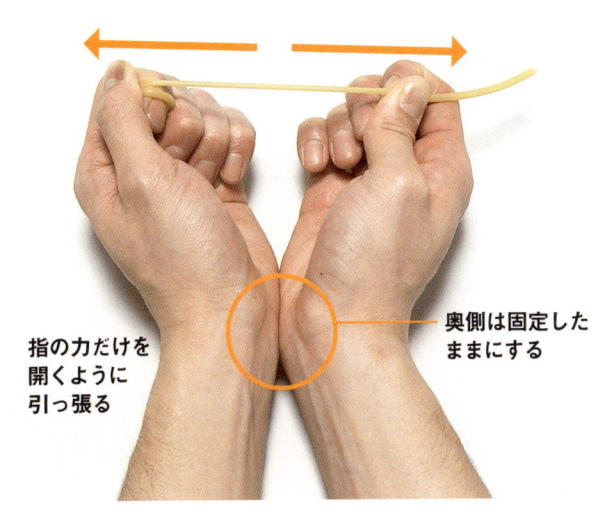

2 小指側の掌底を固定したまま、指の力だけで引っ張る。

51

Special Technique

「軟化スケール」で軟化をマスターする

2.「軟化スケール」とは

前のコーナーでマスターした"引っ張り感"をさらにブラッシュアップさせる情報をご紹介。それが「軟化スケール」です。「軟化スケール」とは、一言で言うと、軟化のすべてを網羅したデータ集です。これさえあれば、「鬼に金棒」！ ここでは、そんな「軟化スケール」について解説します。

「軟化スケール」とは、軟化の各段階の状況を細かく解説したデータ集です。スケールの中には、視触診の状態から、放置タイムの目安、求める仕上がり感まで一目で分かるように、すべてを整理しました。この情報がひとつの目安となり、あなたの軟化チェックの判断を支える材料になるはずです。

また、各ページでは、それぞれの軟化状態でのドライ時とアイロン時の髪の広がりの変化を見せる意味で、ウィッグを使った写真もご紹介しています。

ここでは、あえてストレートのウィッグに施術してみることで、薬剤の反応の特性を分かりやすくしてみました。皆さんも軟化の感覚がつかめるようになったら、実際にウィッグでも試してみてくださいね。

さらに「軟化スケール」にはもっと強力な情報が埋め込まれています。それは、軟化した状態の **毛束を原寸大** で収めたこと。毛束の長さは10センチです。これが何を意味しているか、分かりますか？

軟化で一番重要なのは、引っ張ってその長さになったときの「感覚」、その状況での髪の弾力感の把握、つまり、「引っ張り感」を記憶することが重要なのです。

大切なのでもう一度言います。「引っ張り感」を記憶するのが重要。もう、分かりましたよね。すなわち、あなたは、本書でご紹介している10センチの毛束さえ用意できれば、ほぼ同条件、かつ、ほぼ同感覚の引っ張り感が得られるわけです。

しかも、ここでは引っ張ってみたときの目安の長さも紹介しているので、チェックのブレはかなり少なくなると思います。ここまでくれば、感覚のズレは確実に少なくなること間違いなしですね。

なお、今回、軟化スケールは、40％、60％、80％、100％の4種類をご紹介しています。ちなみに100％の軟化は完全にアウト、オーバータイムです。悪い例として見せているので注意してください。

そして、ここで「50％軟化と70％軟化がない！」という読者の方、ご心配なく。軟化は、まず、**40％、60％、80％でつかむのがポイント** です。

この違いが分かるようになると、必然的に、40％と60％の間の引っ張り感覚が分かるようになります。ですから、まずは、この3パターンと、やっちゃいけない1パターンを覚えましょう。

とにかく、この「軟化スケール」で、徹底的にその感覚を養ってください。やればやるだけ、あなたの軟化チェックの感覚は研ぎ澄まされます。

さあ、これで軟化スケールを活用するためのすべての情報がそろいました。あとは実践あるのみ。トライしてみましょう！！

軟化スケールのビフォア

健康毛　ダメージ毛

今回は、ダメージ毛の軟化状態も見せるため、ミドルダメージ毛の軟化スケールも掲載。これを見ると、健康毛とまったく同じ部分と、そうでない部分に気づくと思います。その理由は読んでからのお楽しみ！ まずは、軟化スケールの中身を理解し、各軟化度合いでの特徴を把握してください。

＊今回のミドルダメージ毛は、ライトナーで9～10レベルまでリフトした髪をチオ系のパーマ剤の中に浸漬。放置後、水洗して2剤を塗布して放置。その後、水洗したもの。

STRAIGHT PERM PERFECT MANUAL
Special Technique

ウイッグのビフォア

健康毛
▼

ダメージ毛
▼

軟化スケールページの見方

軟化の状態を「％」と、視触診の状態から整理。

適正の引っ張り感が得られる目安の長さと、目安の放置タイムを掲載。

ドライングとアイロン操作時での髪の広がりを一目で分かるようにウイッグで整理。

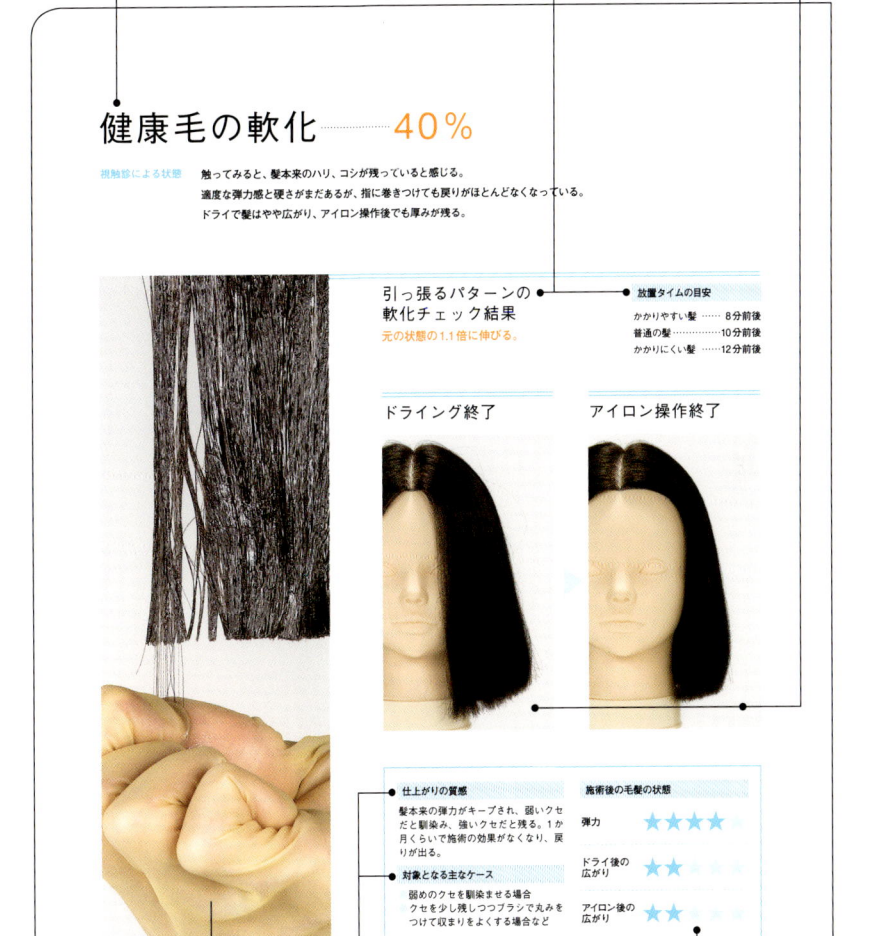

健康毛の軟化 —— 40％

視触診による状態　触ってみると、髪本来のハリ、コシが残っていると感じる。適度な弾力感と硬さがまだあるが、指に巻きつけても戻りがほとんどなくなっている。ドライで髪はやや広がり、アイロン操作後でも厚みが残る。

引っ張るパターンの軟化チェック結果
元の状態の1.1倍に伸びる。

放置タイムの目安
かかりやすい髪　……8分前後
普通の髪　……10分前後
かかりにくい髪　……12分前後

ドライング終了　　アイロン操作終了

・仕上がりの質感
髪本来の弾力がキープされ、弱いクセだと馴染み、強いクセだと残る。1か月くらいで施術の効果がなくなり、戻りが出る。

・対象となる主なケース
弱めのクセを馴染ませる場合
クセを少し残しつつブラシで丸みをつけて収まりをよくする場合など

施術後の毛髪の状態
弾力　★★★★
ドライ後の広がり　★★
アイロン後の広がり　★★

毛束写真は原寸大で掲載。そのため、引っ張り感の長さや、薬剤が塗布されている髪の質感などを見比べるときに有効。

この軟化度合いのときの対象毛や、仕上がり感をコンパクトに収録。

施術後の状態をビジュアルで整理。星印の数が多くなるほど、髪の弾力や広がり具合が高くなる。

健康毛の軟化 — 40％

視触診による状態 触ってみると、髪本来のハリ、コシが残っていると感じる。
適度な弾力感と硬さがまだあるが、指に巻きつけても戻りがほとんどなくなっている。
ドライで髪はやや広がり、アイロン操作後でも厚みが残る。

引っ張るパターンの軟化チェック結果
元の状態の1.1倍に伸びる。

放置タイムの目安
かかりやすい髪 …… 8分前後
普通の髪 ………… 10分前後
かかりにくい髪 …… 12分前後

ドライング終了 → アイロン操作終了

仕上がりの質感
髪本来の弾力がキープされ、弱いクセだと馴染み、強いクセだと残る。1か月くらいで施術の効果がなくなり、戻りが出る。

対象となる主なケース
- 弱めのクセを馴染ませる場合
- クセを少し残しつつブラシで丸みをつけて収まりをよくする場合など

施術後の毛髪の状態
弾力	★★★★☆
ドライ後の広がり	★★☆☆☆
アイロン後の広がり	★★☆☆☆

STRAIGHT PERM PERFECT MANUAL
Special Technique

健康毛の軟化 ……………… 60%

視触診による状態　髪を触ると、やわらかさを感じるくらい弾力が低下している。
ただし、まだ弾力は残っていると判断できる範囲。髪を折り曲げたとき、戻るか戻らないかの境目がこの段階。
ドライすると髪は著しく広がり、アイロン操作後に落ち着く。

引っ張るパターンの軟化チェック結果
元の状態の1.4倍に伸びる。

放置タイムの目安
かかりやすい髪 ……15分前後
普通の髪……………17分前後
かかりにくい髪 … 20分前後

ドライング終了

アイロン操作終了

仕上がりの質感
強い縮毛、捻転毛、連珠毛以外にはストレートが出せる。仕上がりは弾力も感じるやわらかいストレート。クセの度合いによっては2〜3か月で戻りが出る。

対象となる主なケース
■ 強い縮毛、捻転毛、連珠毛以外のクセ
■ ストパー施術をした後、1か月周期で、カラーやパーマもしたい場合

施術後の毛髪の状態
弾力　★★☆☆☆

ドライ後の広がり　★★★☆☆

アイロン後の広がり　★★☆☆☆

健康毛の軟化 ……… 80％

視触診による状態 触った段階で独特のヌルつきを感じる。毛の弾力が低下したため、毛を指に置くと指なりに吸い付いてくる。
束感はなくなり、平面のような薄さを感じる。
コームスルーしただけでクセが消える状態。この段階ではドライの状態でも広がりがなくなるのがポイント。

引っ張るパターンの軟化チェック結果
元の状態の2倍に伸びる。

放置タイムの目安
かかりやすい髪 … 25分前後
普通の髪 ……… 30分前後
かかりにくい髪 … 35分前後

ドライング終了 → アイロン操作終了

仕上がりの質感
髪の硬さがほとんどない、サラサラでやわらかな質感になる。ボリュームのないストレート感が得られる

対象となる主なケース
- 縮毛、捻転毛、連珠毛の矯正
- ストパー失敗毛を修正する場合
- ボリュームをダウンさせつつ、やわらかいストレートにしたい場合

施術後の毛髪の状態
弾力 ★☆☆☆☆
ドライ後の広がり ★☆☆☆☆
アイロン後の広がり ★☆☆☆☆

健康毛の軟化 .... 100％

視触診による状態 　軟化のオーバータイム。毛髪はブヨブヨしたゼラチンのような手触り。いわゆる「テロテロ」の状態。コームスルーするとひっかかり毛が伸びる。その後のドライでも髪は一番膨らみ、アイロンで押さえようとしても、まったくボリュームが落ちない。もう手遅れの髪。

引っ張るパターンの軟化チェック結果
軽いテンションで元の状態の2倍以上に伸び、途中で切れてしまう。

放置タイムの目安
かかりやすい髪 … 30分前後
普通の髪 ………… 35分前後
かかりにくい髪 … 40分前後

ドライング終了 → アイロン操作終了

仕上がりの質感
ウエットの段階ではゼラチン状。乾かすと、まったく弾力がなく、その反動で、毛先が縮れ、ザラつきも強くなっている。

対象となる主なケース
- なし（この段階まで軟化させてはいけない）。

施術後の毛髪の状態
弾力　　　　　☆☆☆☆☆
ドライ後の広がり　★★★★★
アイロン後の広がり　★★★★★

ダメージ毛の軟化 40%

視触診による状態 触ってみると、髪本来のハリ、コシが残っていると感じる。
適度な弾力感と硬さがまだあるが、指に巻きつけても戻りがほとんどなくなっている。
ドライで髪はやや広がり、アイロン操作後でも厚みが残る。

引っ張るパターンの軟化チェック結果
元の状態の1.1倍に伸びる。

放置タイムの目安
かかりやすい髪 5分前後
普通の髪 7分前後
かかりにくい髪 8分前後

ドライング終了 → **アイロン操作終了**

仕上がりの質感
髪本来の弾力がキープされ、弱いクセだと馴染み、強いクセだと残る。1か月くらいで施術の効果がなくなり、戻りが出る。

対象となる主なケース
- 弱めのクセを馴染ませる場合
- クセを少し残しつつブラシで丸みをつけて収まりをよくする場合など

施術後の毛髪の状態
弾力	★★★★☆
ドライ後の広がり	★★☆☆☆
アイロン後の広がり	★★☆☆☆

ダメージ毛の軟化 ……… 60%

視触診による状態　髪を触ると、やわらかさを感じるくらい弾力が低下している。
ただし、まだ弾力は残っていると判断できる範囲。髪を折り曲げたとき、戻るか戻らないかの境目がこの段階。
ドライすると髪は著しく広がり、アイロン操作後に落ち着く。

引っ張るパターンの軟化チェック結果
元の状態の1.4倍に伸びる。

放置タイムの目安
かかりやすい髪 ……10分前後
普通の髪…………13分前後
かかりにくい髪 ……15分前後

ドライング終了 → アイロン操作終了

仕上がりの質感
強い縮毛、捻転毛、連珠毛以外にはストレートが出せる。仕上がりは弾力も感じるやわらかいストレート。クセの度合いによっては2〜3か月で戻りが出る。

対象となる主なケース
● 強い縮毛、捻転毛、連珠毛以外のクセ
● ストパー施術をした後、1か月周期で、カラーやパーマもしたい場合

施術後の毛髪の状態
弾力　★★☆☆☆
ドライ後の広がり　★★★☆☆
アイロン後の広がり　★★☆☆☆

ダメージ毛の軟化 ……… 80％

視触診による状態　触った段階で独特のヌルつきを感じる。毛の弾力が低下したため、毛を指に置くと指なりに吸い付いてくる。束感はなくなり、平面のような薄さを感じる。
コームスルーしただけでクセが消える状態。この段階ではドライの状態でも広がりがなくなるのがポイント。

引っ張るパターンの軟化チェック結果
元の状態の2倍に伸びる。

放置タイムの目安
かかりやすい髪	20分前後
普通の髪	23分前後
かかりにくい髪	25分前後

ドライング終了 → アイロン操作終了

仕上がりの質感
髪の硬さがほとんどない、サラサラでやわらかな質感になる。ボリュームのないストレート感が得られる

対象となる主なケース
- 縮毛、捻転毛、連珠毛の矯正
- ストパー失敗毛を修正する場合
- ボリュームをダウンさせつつ、やわらかいストレートにしたい場合

施術後の毛髪の状態
弾力	★☆☆☆☆
ドライ後の広がり	★☆☆☆☆
アイロン後の広がり	★☆☆☆☆

ダメージ毛の軟化 ……………… 100%

視触診による状態　軟化のオーバータイム。毛髪はブヨブヨしたゼラチンのような手触り。いわゆる「テロテロ」の状態。コームスルーするとひっかかり毛が伸びる。その後のドライでも髪は一番膨らみ、アイロンで押さえようとしても、まったくボリュームが落ちない。もう手遅れの髪。

引っ張るパターンの軟化チェック結果

軽いテンションで元の状態の2倍以上に伸び、途中で切れてしまう。

放置タイムの目安

かかりやすい髪	25分前後
普通の髪	27分前後
かかりにくい髪	30分前後

ドライング終了

アイロン操作終了

仕上がりの質感
ウエットの段階ではゼラチン状。乾かすと、まったく弾力がなく、その反動で、毛先が縮れ、ザラつきも強くなっている。

対象となる主なケース
・なし（この段階まで軟化させてはいけない）。

施術後の毛髪の状態

弾力	☆☆☆☆☆
ドライ後の広がり	★★★★★
アイロン後の広がり	★★★★★

Special Technique

髪のダメージと「軟化スケール」の関係

　前のコーナーでは、健康毛とダメージ毛の2パターンの髪を例に、「軟化スケール」で各段階の軟化の状況を解説しました。

　それを見て、「あれっ？」と疑問に思った方、きっといたはずです。「40％軟化なら、健康毛であれ、ダメージ毛であれ、内容が同じなのでは？」と思いませんでしたか。

　実際にページを戻ってみましょう。まず、健康毛の40％軟化を掲載している52ページの「視触診の状況」や、「仕上がり感」「対象となるケース」などの内容と、56ページのダメージ毛の40％軟化の内容を見比べてください。

　一緒ですよね。それ以外にも、ドライングやアイロン後の髪の広がり方に関する状況もかなり酷似していると思います。

　それはなぜか分かりますか？　軟化の大切な部分の話と絡んでくるので、きっとお分かりの方もいるはずです。

　その理由は、軟化の「％」は、施術前の髪が健康毛であれ、ダメージ毛であれ、変わらないから。シンプルな理由です。到達した軟化度合いが例えば40％なら、健康毛であれダメージ毛であれ、毛髪の状況は変わりません。

　そもそも、40％なら40％の軟化度合いを判断する"引っ張り感"は、どんなときでも一緒にならないとスケールとしての意味がありませんからね。だから毛髪の状況に違いが出なくて当然なんです。

　もちろん厳密に言えば、ドライング後、アイロン操作後の髪のボリューム感は若干、変わります。ダメージ毛になるほど、ボリューム感が減ってくる傾向にあります。しかし基本は同じと考えて差し支えない範囲です。

　しかし、ただ1つだけ、軟化スケールの中で変わる要素があります。それは「放置タイム」です。放置タイムは、施術前の髪の状態によって左右されるもの。なぜなら、ダメージがある髪と、そうでない髪とでは薬剤の浸透率が変わってくるからです。

　ですから、サロンワークでは、毛髪のダメージ状況に合わせた目安の放置タイムを念頭に置きながら、断続的に引っ張りチェックを行うことをおすすめします。

　例えば、適切な放置タイムが10分だとしたら、その半分の5分の段階で、まずチェックしてみる。そしてさらに2分経過した7分と断続的にチェックしてみることです。

　もちろん、10分が適切なタイムでも、7分の段階で引っ張ってみたときの感覚がOKなら、そこで放置は終了というのが鉄則。これは薬剤を使って施術するときの基本ですよね。

　ここではさらに右ページに、健康毛からハイダメージ毛までの到達軟化度に対する放置タイムの目安時間を整理しました。

　これを見れば、同じ軟化度合いでも、ダメージが進むにつれて、放置時間が短くなっていくのが分かると思います。

　さらにここでは、ダメージ毛に加え、「変性毛」という項目も加えています。これは、アイロンの熱によるダメージを過度に受けた、超ダメージ毛です。72ページで解説しているストパー失敗毛の「パリつき」「チリつき」「ゴワつき」のひどいバージョンですね。こうした髪になると、ウエットにした段階で40％軟化以上の髪の状態になっていることがほとんどです。

　そういう場合は、特に放置タイムに敏感でいてください。サロンでは、軟化の最終判断は、引っ張ったときの感覚で決める。でも、その目安には放置タイムの目安を活用する。この2点をうまく連動させるのがポイントです。

軟化の鉄則 ▶▶▶
1. 健康毛であれ、ダメージ毛であれ、軟化スケールの「％」は同じ
2. 同じ軟化度合いの場合、健康毛とダメージ毛での違いは「放置タイムの長さ」にある
3. 同じ軟化度合いにするなら、健康毛の放置タイムは「長く」、ダメージ毛の放置タイムは「短い」

STRAIGHT PERM PERFECT MANUAL
Special Technique

髪のダメージと軟化タイムの関係

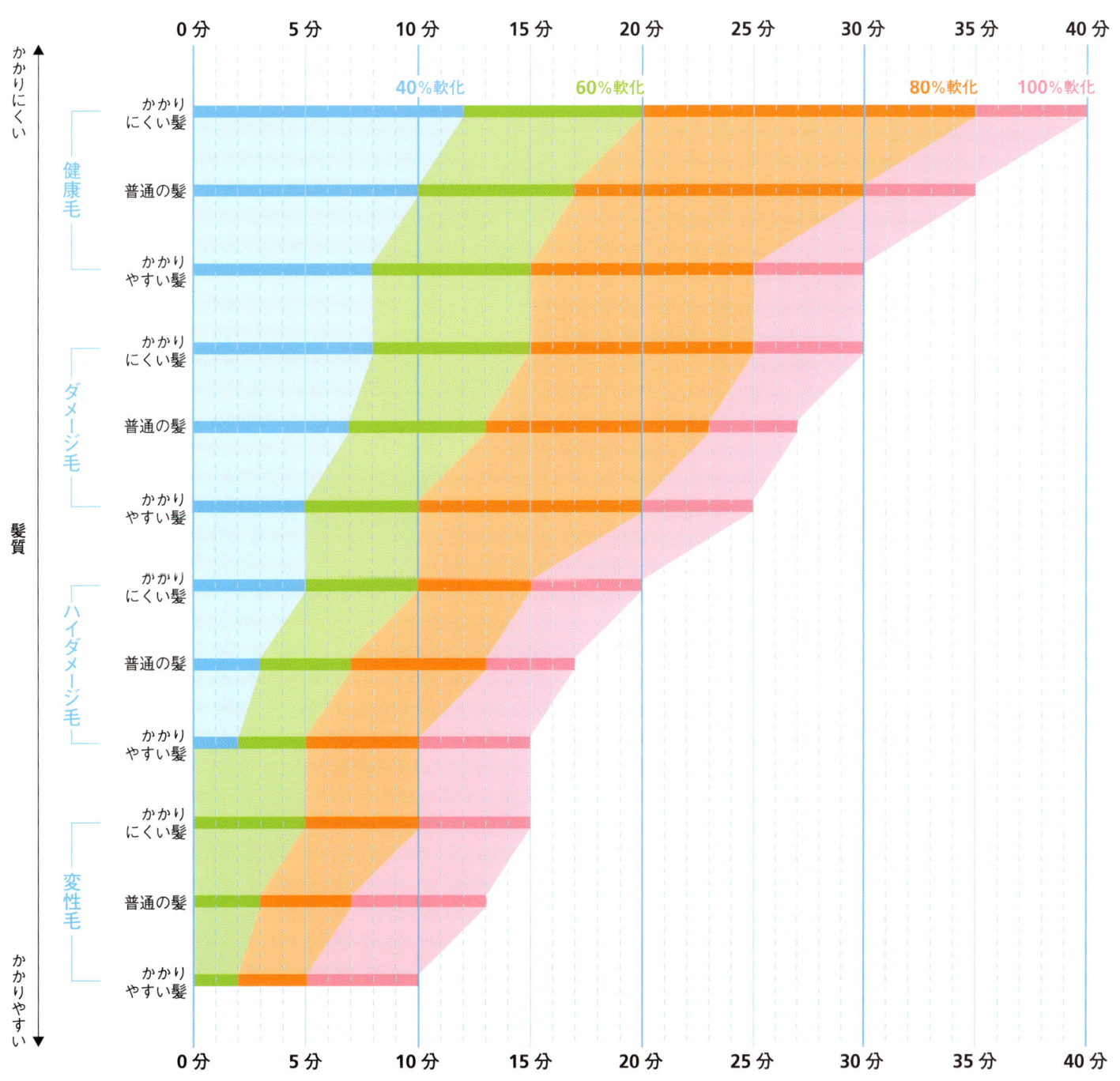

	0分	5分	10分	15分	20分	25分	30分	35分	40分

40％軟化　60％軟化　80％軟化　100％軟化

髪質軸（縦）：
- かかりにくい ↑
- 健康毛：かかりにくい髪／普通の髪／かかりやすい髪
- ダメージ毛：かかりにくい髪／普通の髪／かかりやすい髪
- ハイダメージ毛：かかりにくい髪／普通の髪／かかりやすい髪
- 変性毛：かかりにくい髪／普通の髪／かかりやすい髪
- かかりやすい ↓

＊上記の放置タイムは、あくまで目安です。自分で実験するときは、毛髪の状態に応じて臨機応変に微調節して下さい。

Special Technique

1剤塗布の奥義

さて、ここからはベーシック編でマスターしたストパー施術の数々のポイントを補強する
テクニックの「奥義」を大公開。
これを学んで、さらに技術をパワーアップさせましょう。まずは、1剤に関する奥義からスタート！

1剤塗布のポイントは、皆さん、理解できているはずですよね。ここでは、そのテクニックをさらにパワーアップさせるためのノウハウをご紹介します。

それは「塗布量」です。ストパー施術で1剤を塗布する場合は状況に応じて、ハケにつける塗布量をコントロールすることで対応することがよくあります。塗布量は、大中小の3つのパターン。

ここでは、最初に塗布量の違いをお見せします。ちなみに写真は、ハケ部分の幅が6.5センチのものの原寸大で掲載しているので、イメージがつきやすいはずです。まずは、それぞれの違いを理解してみてください。

塗布量の違いと意味が理解できたら、今度は、塗布量の操作がポイントとなる1剤の塗り分けテクニックをご紹介します。塗布量操作と、塗り分けテクをマスターして、さらにワンランク上のストパーの使い手になってくださいね。

1剤塗布時のハケの塗布量

塗布量「大」

ハケが隠れるくらい1剤を盛る。1剤を山状に盛り、頂点の高さが約1センチを目安にする。

▼

通常は、1剤のつけ始めに使う。主に根元、新生部などを塗るとき用いる。

塗布量「中」

ハケの1/2〜2/3くらいが隠れる程度に盛る。1剤がハケに乗る厚みは5ミリくらいを目安にする。

▼

1回目が塗布され、全体に1剤を全体に馴染ませた後、再塗布する場合によく用いる。

塗布量「小」

ハケの1/3くらいが隠れる程度に盛る。1剤がハケに乗る厚みは2ミリくらいを目安にする。

▼

毛先や、塗り分け時のつなぎ目など、塗布量の微調整を行うときによく用いる。

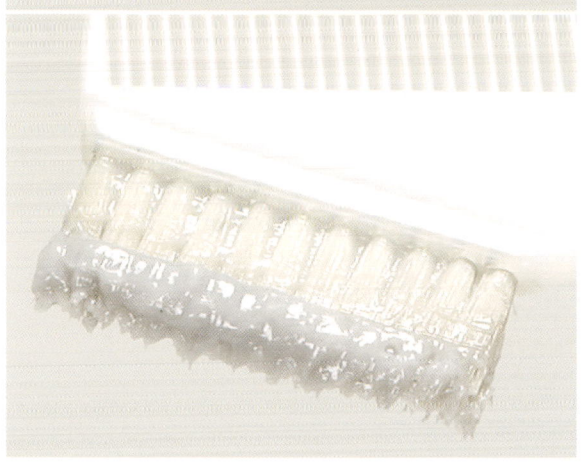

STRAIGHT PERM PERFECT MANUAL
Special Technique

塗布量をコントロールした「塗り分け」テクニックをマスターする

1 塗布前の状態は、根元がクセ毛で、中間から毛先がストパー施術経験毛。毛先にいくにつれてダメージ度が高くなっている。

2 まず根元のクセ毛部分を塗布量大で塗布する。塗布の仕方はセオリー通り、ハケで押し込むように塗る。

3 今度は塗布量中にして、中間部のストパー経験毛を軽く塗布。

4 毛先のダメージ部分は、弱めのストパー剤に塗り分ける。このとき、塗布量は小にスイッチして塗っていく。

Special Technique

ドライングの奥義

ドライングをする場合、ブラシ操作の基本は、ノーテンション。しかし、このノーテンションが、なかなかできないのが悩みの種。そんな声にお応えすべく、ノーテンションでブラッシングするための「奥義」をご紹介。ここでは、奥義のテクニックに合わせて、ブラシの持ち方のポイントも解説します。

　ドライングの基本は、髪が自然に落ちる方向をなぞるように風をあて、同時にブラッシングする。さらにブラッシングは、ノーテンションがポイントでしたね。
　ここでは、ノーテンションのブラシワークを実現するための便利なブラシの持ち方をご紹介します。もちろん、ブラシの持ち方はサロンで教わったやり方でも構いません。
　でもここでご紹介する持ち方だと、必然的にブラシを動かしている時にテンションがかからなくなるメリットがあります。
　そのため、特に、お客様が気にされやすいフロント周辺のブラッシングにはうってつけです。
　ここでは、まずノーテンションで操作できる持ち方のフォームを覚えて、そのフォームを用いたブラシワークのノウハウを学んでください。

ノーテンションのブラシワークができる便利な持ち方

ブラシの柄の部分は、小指をひっかけて、親指はブラシから離す。
ブラシの後ろ側に、残りの人差し指と中指、薬指を置く。
この3本の指は添える程度にするのがポイント。
こうすると、結果的にブラシ自体を支えるのは、小指だけの力となり、必然的にテンションがかかりにくくなる。

手の平側から見たところ
▼

横から見たところ
▼

手の甲側から見たところ
▼

STRAIGHT PERM PERFECT MANUAL
Special Technique

←···· ブラシの軌道　　← 実際のブラシの動き

ノーテンションのブラシワークを極める ～前髪部分を例に細かく見せます！

1 まず、厚さ1.5センチのスライスをオンベースで取り、毛束表面に向かって半円を描くように根元からブラシを入れる。

2 毛束の中にブラシの毛足が2/3くらいまで入った段階で、オンベースをキープしつつ、毛先のほうにすべらせていく。

3 ノーテンション、オンベースをキープしたまま、毛先までブラシを動かし、髪の落ちる位置ですっと抜く。

4 今度は同じ毛束の裏側もブラッシング。1と同様、半円を描くように根元からブラシを入れる。

5 毛束の中にブラシの毛足が2/3入ったところで毛先に向かって、ノーテンションでブラシをすべらせていく。

6 中間部まではオンベースをキープし、同様にノーテンションでブラッシング。

7 毛先のほうにいくにつれ、髪が自然に落ちる位置をイメージしながら、ステムを下げていく。

8 最後はダウンステムで毛先を抜く。こうすると、髪が自然に落ちる位置に対して、ナチュラルな曲線の毛流れができる。

Special Technique
アイロン操作の奥義

アイロン操作は、スルーが基本。
さらにドライングと同様、髪が自然に落ちる位置を意識することが重要でした。毛流れが命のアイロン操作。ここでは、より自然な毛流れを出すためのアイロン操作に焦点をあて解説していきます。

　ベーシック編では、アイロン操作のポイントとして、「スルーさせること」「自然に髪が落ちる位置を意識すること」の2点を勉強しました。
　皆さん、きっとマスターできているはずだと思いますが、ここでは、念のため、アイロンスルーを完璧にするためのフォームを再確認します。
　さらにどんなにアイロン操作がうまくなっても、クリアできないのが「クレバス」。毛流れの変わり目のセクションが割れてしまう現象です。
　ここでは、アイロンスルーを円滑にする正しいフォームに合わせて、この「クレバス消し」の奥義をご紹介します。
　このコーナーで学ぶ技術は、ストパーの仕上がりのクオリティを確実に上げるものです。1つひとつの技術をしっかりとマスターして、アイロン操作の奥義をあなたのものにしてください。

アイロンスルーを円滑にする正しいフォーム

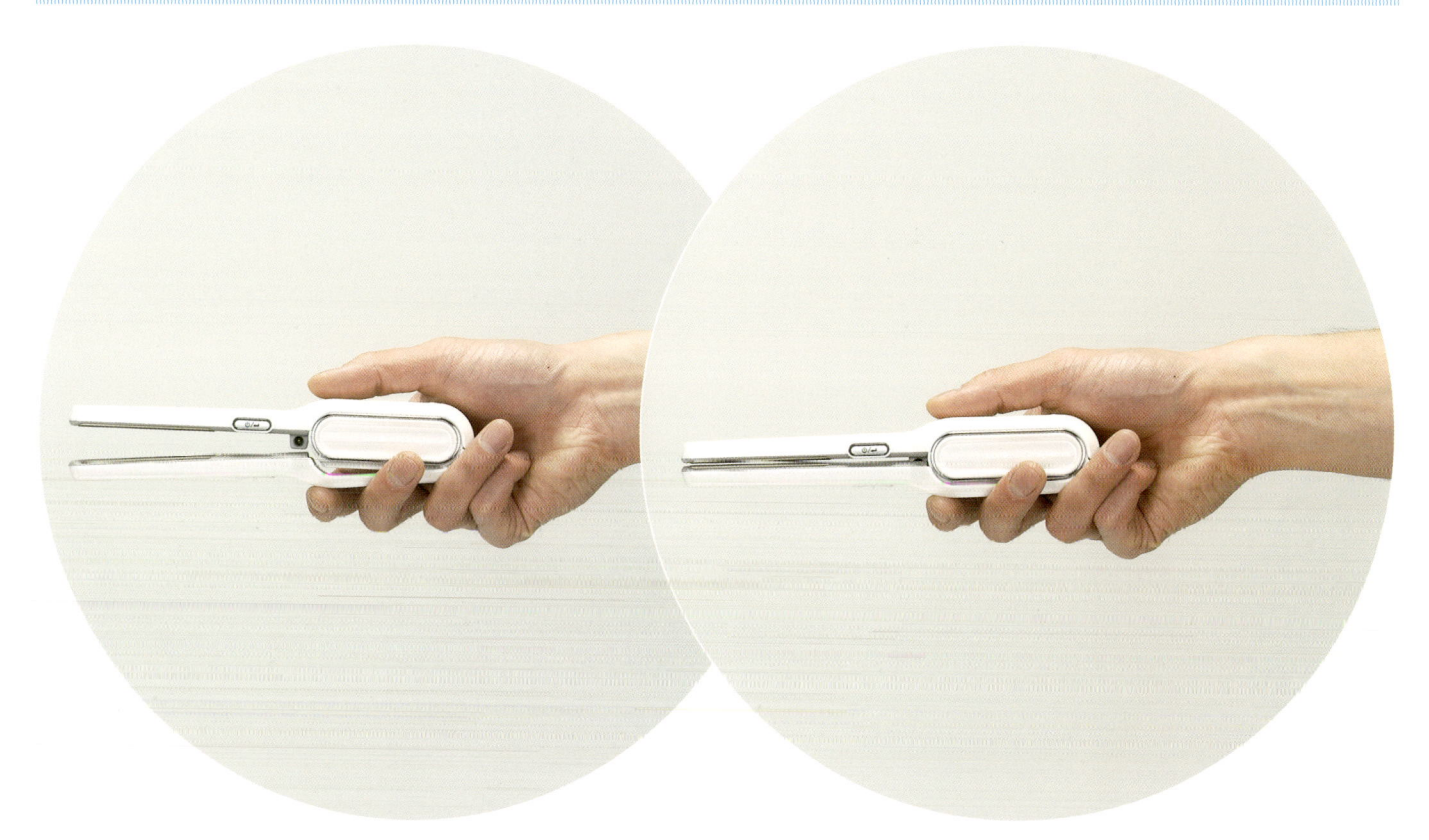

アイロン上部に親指の腹をあて、下部は人差し指で押さえ、残りの指はそえる程度にする。またこのとき、アイロンを持つ位置は、アイロンの柄の部分のみを持つこと。

このフォームでアイロンを閉じた。このときのテンションは、親指と人差し指の2本で軽く押す程度。それ以上の力はかけないのがポイント。

STRAIGHT PERM PERFECT MANUAL
Special Technique

「クレバス消し」のテクニック ～フロントとサイドのつなぎ目を例に考える

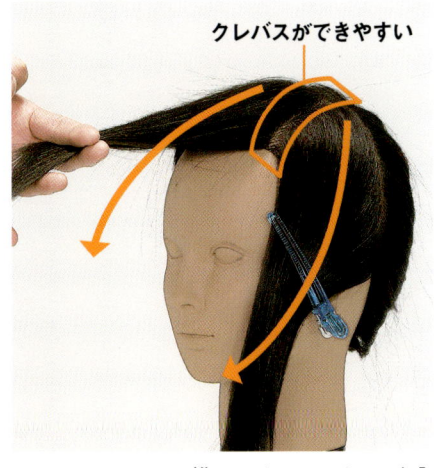

1 フロントは横スライスでアイロンを入れている。サイドのコメカミ部分は斜めスライスでアイロンを入れている。そのため、フロントとサイドのつなぎ目の毛流れが割れやすい。

2 クレバスが生まれるところをまたぐようにフロントとサイドの髪を集めて、すくい取る。

3 つづいて、2で取ったセクションから、三角ベースのスライスを取る。

4 1スライス目は、三角形の頂点が下を向いた三角ベースで取る。

5 この毛束をアイロンスルーさせる。

6 次のスライスも三角ベースで取っていく。このとき、隣り合うスライス同士で三角形の頂点が互い違いになるように取っていくのがポイント。これにより、クレバスが消える。

69

Special Technique

2剤塗布の奥義

施術を完璧に進めた後、最後に形状をキープするのが2剤の役目。
ここではベーシック編で学んだ2剤塗布の精度を
さらにパワーアップさせるためのノウハウをご紹介します。

ここでご紹介したいのは、セオリー通りに施術した2剤塗布後のちょっとした工夫です。特に、レングスの長い髪にストパー施術した場合に効果絶大。そのとき、活躍するのが「サーマルペーパー（写真を参照）」なんです。

ここで使用するサーマルペーパーは、基本的にどのようなタイプでも構いません。使用法は、セオリーに従ってネープから2剤を塗布したら、2剤を塗布した髪をサーマルペーパーに貼り付けて放置する。これだけです。

ご存知の通り、2剤はストレートをフィックスする役目です。しかし、特にロングの場合は、お客様が放置タイム中に動いたりすることで、髪がよじれてしまい、そのまま放置されてしまうことがあります。

これにより、髪が折れたりするトラブルにつながってしまうことがあります。サーマルペーパーはこれを防ぐアイテム。同時に根元を軽くカールさせると、自然な立ち上がりも求められます。是非、使ってみてください。

サーマルペーパーのつけ方

1 ネープのブロックを塗布した段階で、厚さ1.5センチのスライスを引き出す。

2 取った毛束に根元部分を軽くカールさせたサーマルペーパーをあて、コームスルーして毛束を固定する。

3 同様にネープやサイドのブロックなど、お客様が動いたときによじれる部分を固定していく。

Special Technique

処理剤選定の奥義

STRAIGHT PERM PERFECT MANUAL
Special Technique

ダメージ毛のケアや、ダメージ進行の抑制など、処理剤を使うことで、
ストパー施術での髪の負担は軽減することができます。しかし、いろんなタイプがある処理剤の種類。
何をどう使えばよいのでしょう？ ここではそんなあなたの「？」をすっきり解消させます。

　このページの図を見てください。まず、処理剤はストパー施術の中のどこで使えばよいのかを確認しましょう。

　それができたところで、次に処理剤選定のポイントを考えます。ポイントは、処理剤の目的からさかのぼって考えること。処理剤は髪のケアのために使用するものですね。ご存知のように髪の毛はタンパク質（PPTなどのアミノ酸）と、水分と油分でできています。

　つまり、処理剤は、毛髪と類似したタンパク質、水分、油分、脂分を補う役目なのです。

　ですから前処理では、主に施術前のダメージでなくなったケラチンPPTなどを補って、なるべく弾力を復元したうえで施術。

　また後処理では、主にドライングやアイロン操作などで負担を与えた髪表面の油分を補う必要があります。

　これとちょっと違うのが、中間処理。中間処理では、より2剤が働きやすい状況をつくるための役割を重視します。理由は、そのほうがいきなり2剤を塗布するよりも髪の負担が少なくなるからです。そのため、中間処理では主に酸リンス効果のあるものを使用します。

　細かく言えば、処理剤は分子量の違いなどでも効果は変わります。しかし、その基本として、処理剤は、使う場面で、今、何が必要なのかを的確に捉えることができ、かつ、その成分を的確に補えるようになることが重要です。

　また仮に前処理なら前処理で、同じタンパク質の選定に迷えば、前処理用を選ぶのが望ましいです。細かい部分はそうしたことができてから。まずは、基本をマスターしてください。

ストパー施術と処理剤塗布のタイミング

1　プレシャンプー
2　毛髪診断
3　1剤塗布
4　軟化チェック
5　中間水洗
6　ドライング
7　アイロン
8　2剤塗布
9　水洗
10　仕上げ

前処理
必要となる主な成分
- ケラチンPPT
- コラーゲンPPT
- ○○油などの油分

主な目的
- 根元と毛先のダメージ度合いの違いなどを埋めるベースコントロール
- 必要成分を補ったダメージ部の保護

中間処理
必要となる主な成分
- グルタミン酸
- クエン酸 （いわゆる酸リンス、pH調整剤）

主な目的
- 2剤塗布前に髪の毛のpHを酸性よりにする

後処理
必要となる主な成分
- CMC、18MEAなどの脂分
- 保湿系トリートメント

主な目的
- 毛髪表面の保護
- 毛髪表面の質感向上

＊ハイダメージ毛などの場合は、ドライング前に処理剤を塗布して、1剤の軟化で欠落した毛髪内部のタンパク質類似成分を補ったり、表面の補修としてキューティクル類似成分を補ったりすることもある。＊ここで言う「油分」とは常温で液体のアブラのこと。「脂分」とは常温で固体のアブラのこと。＊上記の処理剤の配合成分はメーカー各社によって呼び名が様々です。成分名などの詳細はお取引メーカーに直接問い合わせることをおすすめします。

Skill Up Question 2
なぜ、あなたは失敗してしまったのか？

これまでのセオリーをマスターして、しっかり施術したつもりでも、思わぬミスをしてしまうことってありますよね。
このページでは、ストパー施術の代表的な失敗毛を6例ご紹介。実はストパーの失敗は、施術中の複数のミスが重なった結果、起こるのです。
ここでは、そんな失敗の原因を考えます。結果から原因を探る解明コーナーです。

ストパー失敗毛	パサつき	パリつき	チリつき	ザラつき	ゴワつき	白化
失敗の原因	毛先がパサついて広がってしまう。質感は過度にドライな状態。	髪そのものがツンと張ったような質感。触ってみると硬く、ブローしても丸みが出ない。	施術の影響で縮れが激しくなった状態。特に毛先にいくにつれひどくなる。いわゆるビビリ毛。	捻転毛のような触感。針金をねじって戻したような凹凸が髪の表面に目立つ。	クセが若干残っている影響で広がり、全体にガサつきを感じる状態。	キューティクルが剥離したため、光が乱反射し、毛の一部分が白く見える状態。
1剤塗布	髪質診断を誤り、強めの1剤を髪の表面のみに塗布。これにより表面のみが過膨潤し、キューティクルが開き、間充物質が流出。					
軟化チェック	適正な軟化まで若干足りなかったため、髪のクセが十分に伸びきっていなかった。		設定の軟化度合いよりも過剰に軟化してしまい、髪がゼラチン状に近くなってしまった。	軟化不足のため、ねじれたようなクセが取れていない。捻転毛の軟化不足によくある。	適正な軟化にまったく足りない軟化不足のため、クセが戻ってしまった。	
ドライング		ドライヤーを近づけ過ぎて当てたため、熱が過剰に伝わり、タンパク変性が起こってしまった。		過度なスクランチドライで髪を絡ませてしまった。		ドライング時に高温で強風の風を近づけすぎて、長時間当てたため、キューティクルが剥離してしまった。
アイロン操作		高温(140℃以上)で過剰なプレスによるアイロン操作をしくじった。	ウェットで高温のアイロンを入れたため、タンパク変性が進行。また内部の水分が一気に蒸発し髪の組成も壊してしまった。	髪が絡んだままの状態にアイロンを入れて、プレスしてしまったため、絡んだ状態がキープされてしまった。	軟化不足の髪をアイロンで無理やり引っ張りプレスした。	
2剤塗布					アイロン操作で一時的に伸びたクセをしっかり伸びたと誤認して2剤を塗布。放置中に完全にクセが戻ったところ酸化。	

Trouble Shooting

アドバンス編
トラブルシューティング

ここから先は、これまで培った技術をベースに、
さらにレベルの高いストパー施術の対応例を学びましょう。
サロンによくあるストパーのリピーター客のトラブルケースと、
ストパー施術で失敗してしまったビビり毛への対応です。
ここまでクリアできれば、
ストパー施術で困ることはもうなくなるはず？！

Trouble Shooting Advance

トラブルシューティング アドバンス編

1. クセの新生部と中間からのストパー処理部を自然につなぐ

Before

根元3～4センチがクセの新生部で、中間から毛先は、3か月前にかけたストパー毛。
根元と、中間から毛先の素材条件が違うため、
違和感があり、フォルムも角張って見える。

STRAIGHT PERM PERFECT MANUAL
Trouble Shooting Advance

After

根元の新生部を処理し、
中間からのストパー部までナチュラルにつながっている。
フォルムは丸みのある自然なかたちにチェンジ。

1. クセの新生部と中間からのストパー処理部を自然につなぐ

塗布量操作で、クセの新生部をつなげ、角張ったフォルムをナチュラルに

	浸透する	はじく
水スプレー塗布		●
コームスルー		●

	なし	あり
丸めたときの戻り		●
引っ張ったときの弾力		●

1
まずは皮膜効果のあるマイナスイオントリートメントを中間から毛先に塗布し、4ブロックにブロッキングする。

2
ネープから1剤塗布。厚さ1.5センチのスライスをオンベースに引き出し、塗布量を多めに新生部を塗る。

3
塗布する際は、まず根元は多めに塗布し、

4
塗布量を少なめにし、中間部までオーバーラップさせる。このとき毛先には塗布しない。同様に他のブロックにも1剤を塗布していく。

5
1剤塗布終了。その後、18分放置したら軟化チェックを始める。

6
軟化チェック。コームスルーでチェックする。コームスルーしてクセが伸びたままなら、放置を終了する。

7
さらに引っ張りによるチェック。まずバックトップから毛束を取り出し、

8
引っ張る。このとき、元の毛の1.6倍くらい伸びる感覚（70％軟化）を感じたら、放置終了（このときの放置タイムは25分）。その後、水洗する。

STRAIGHT PERM PERFECT MANUAL
Trouble Shooting Advance

Technique Point
技術ポイント

根元のクセの新生部を、既処理部である中間から毛先までのストパー部の質感に合わせる。このときは、根元から中間部まで1剤をオーバーラップさせると、仕上がったとき自然に馴染んでくる。また根元と中間ではダメージ度合いが違うので、塗布量は根元が大、中間が小とコントロールするのもポイント。

← ドライヤーの風　← ブラシなどの動き

9
つづいて6ブロック④にブロッキングし、ドライングに移行。フロントから髪が自然に落ちる方向を意識して乾かしていく。

10
1パネル終了。乾かした段階で、根元のクセが弱まり、中間部と馴染んでいる程度が目安。

11
同様にドライングし、全体が終了した。

12
その後、アイロン操作。アイロン操作もドライング同様、厚さ1.5センチのスライスを取り、

13
髪の落ちる位置を考えながら、ノーテンションでアイロンスルーしていくのがポイント。

14
アイロン操作終了。

15
その後、グルタミン酸配合のpH調整剤を全体に塗布していく。

16
最後に2剤塗布。セオリー通りに、5ブロック⑧に分け、ネープから塗布する。

Trouble Shooting Advance

トラブルシューティング アドバンス編

2. 新生部の影響で折れてしまった根元への対応

Before 中間から毛先にかけては、2か月前に処理した既ストパー毛。根元が新生部。
伸びてきたクセのある根元と、過度にアイロンプレスした
既ストパー部のつなぎ目が折れたようになっている。

STRAIGHT PERM PERFECT MANUAL
Trouble Shooting Advance

After

根元のクセが完全に矯正され、
中間からの既処理部とナチュラルにつながり、
全体に違和感のない仕上がりにチェンジ。

2. 新生部の影響で折れてしまった根元への対応

折れた部分のみを60％軟化で施術し、新生部と既処理部をつなげる

	浸透する	はじく
水スプレー塗布	●	
コームスルー	●	
	なし	あり
丸めたときの戻り		●
引っ張ったときの弾力		●

1
4ブロックにブロッキング。

2
ネープから1剤を塗布し始める。

3
この場合は、根元の折れのある部分の前後2センチに塗布する。

4
ネープからバックを同様に塗布した後、サイドに移行。サイドも同様に1剤を塗布。

5
同様に残りのブロックも塗り進み、1剤塗布終了。

6
15分放置後、引っ張りによる軟化チェックを開始。まずバックトップから毛束を取り出し、

7
引っ張る。このとき、元の毛の1.4倍くらい伸びる感覚（60％軟化）を感じたら、放置を終了（このとき放置タイムは20分）。その後、水洗する。

8
水洗後、5ブロックⒶにブロッキング。ドライングに移る。

STRAIGHT PERM PERFECT MANUAL
Trouble Shooting Advance

Technique Point
技術ポイント

毛髪診断の結果と、中間からの既ストパー毛のクセの戻りが少ないことから、この場合は根元のみの施術で展開する。基本的に、根元のクセの前後2センチに薬剤をつけ、ドライング、アイロン操作を行う。特に、もみあげ周辺のアイロン操作では、根元のステムが下がりがちになるのでオンベースをキープする。

⇨ ドライヤーの風　← ブラシなどの動き

9
フロントからドライ。髪の落ちる位置に合わせてドライヤーの風を当て、ノーテンションでブラッシングする。

10
ドライ終了。折れがなくなり、自然な毛流れが生まれた。

11
ワンストランドで見た状態。折れがあった部分とそうでない部分が適度につながっている。

12
つづいて、5ブロックⒶにブロッキングし、フロントからアイロン操作。折れのあった部分のみ、ノーテンションでアイロンスルー。

13
特にもみあげの部分は根元のステムが下がりがちなので、注意しながら、髪が自然に落ちる位置にアイロンをスルーする。

14
アイロン操作終了。

15
つづいて、折れがあった部分を中心にグルタミン酸配合のpH調整剤を塗布する。

16
最後に2剤塗布。セオリー通り、5ブロックⒷにブロッキングし、ネープから塗布していく。タイムは5分＋5分の2度づけ。放置後、水洗し、自然乾燥する。

Trouble Shooting Advance

トラブルシューティング アドバンス編

3. ヘムラインの3〜4センチの部分だけにある強いクセへの対応

Before ヘムラインの3〜4センチの部分に強くうねるクセがある。
それ以外の髪は、ゆるめのクセ毛。

STRAIGHT PERM PERFECT MANUAL
Trouble Shooting Advance

After　ヘムラインの髪のうねりが収まり、自然に馴染んでいる状態。
特に、アウトラインの毛先の収まり方が整っている。

3. ヘムラインの3～4センチの部分だけにある強いクセへの対応

50％軟化でヘムラインのクセをぼかし、フォルムに丸みと弾力を感じさせる

	浸透する	はじく
水スプレー塗布		●
コームスルー		●

	なし	あり
丸めたときの戻り		●
引っ張ったときの弾力		●

1
まず、クセの強いヘムラインから3～4センチの部分を分け取る。

2
つづいて1剤を塗布。厚さ1.5センチのスライスをオンベースに取り、ハケを軽く押し込むように塗布していく。

3
ネープからサイド、最後にフロントの順で同様に塗布していく。

4
1剤塗布終了。その後、10分放置したら軟化チェックを始める。

5
軟化チェック。まずヘムラインのブロックから毛束を取り出し、

6
引っ張る。このとき、元の毛の1.3倍くらい伸びる感覚（50％軟化）を感じたら、放置終了（このときの放置タイムは15分）。その後、水洗する。

7
1と同じブロッキングをして、ドライングに移る。まずは髪が自然に落ちる位置をなぞるように、フロントから乾かす。

8
部分的なクセを馴染ませる場合は、毛先にいくにつれてアールを利かせて乾かすと、馴染みやすくなる。

STRAIGHT PERM PERFECT MANUAL
Trouble Shooting Advance

| **Technique Point** 技術ポイント | 強いクセのあるヘムラインの3〜4センチだけをストパー施術して、他の部分と馴染ませていく。この場合は、他の部分にゆるいクセがあるので、ヘムラインのクセは50％軟化くらいに留め、全体の弾力感やシルエットの丸さを表現していく。そのため、今回はアイロンなしの施術を選定している。 |

➡ ドライヤーの風　⬅ ブラシなどの動き

9
耳上部分は、ややフォワードに引いて乾かす。こうすると髪が自然に落ちる位置に、忠実に収まってくる。

10
毛先はアールを利かせてドライング。こうすることで収まり感がさらにアップする。

11
ドライング終了。適度な弾力を残して仕上げるため、この段階で2剤塗布に移る。

12
ヘムラインの部分にのみ2剤を塗布。セオリー通り、アプリケーターで縦に線を引くように塗布していく。

13
その後、手の平で2剤を軽く押さえ込むようにして馴染ませる。

14
ノーテンションでコームスルーし、さらに薬剤を行き渡らせる。

15
バックからサイドを塗布したら、フロントも同様に塗布していく。

16
2剤塗布終了。タイムは5分＋5分の2度づけ。その後、水洗して自然乾燥する。

Trouble Shooting Advance

トラブルシューティング アドバンス編

4. ストパー失敗毛 「ゴワつき」への対応

Before アイロンプレスの影響でビビリが生じ、
触診してみると、弾力があり、ゴワゴワとした感触がある髪。
全体がゴワついているため、フォルムも広がり、硬く見える。

STRAIGHT PERM PERFECT MANUAL
Trouble Shooting Advance

After   ゴワつきが完全に解消され、自然なストレートな仕上がりにチェンジ。
質感もナチュラルなツヤ感を感じる。

4. ストパー失敗毛「ゴワつき」への対応

修復不能と思われがちな「ゴワつき」毛を80％軟化で攻略

	浸透する	はじく
水スプレー塗布	●	
コームスルー	●	

	なし	あり
丸めたときの戻り		●
引っ張ったときの弾力		●

1 
まずケラチンPPTで前処理を行う。

2 
つづいて4ブロックに分け、ネープから1剤を塗布し始める。厚さ1.5センチのスライスをオンベースに取り、ノーマルタイプの1剤を根元1センチあけて塗る。

3 
ハケを軽く押し込むように塗布し、ノーテンションで毛先まで塗布していく。同様に他のセクションにも塗布。

4 
1剤塗布終了。その後、10分放置してから軟化チェックを始める。

5 
放置後、引っ張りによる軟化チェック。まずバックトップから毛束を取り出し、

6 
引っ張ったとき、元の毛の2倍くらい伸びる感覚（80％軟化）を感じたら、放置を終了（このときの放置タイムは25分）。その後、水洗する。

7 
その後、複合アミノ酸配合の処理剤を塗布する。

8 
5ブロックⒶにブロッキングし、ドライングに移る。

STRAIGHT PERM PERFECT MANUAL
Trouble Shooting Advance

Technique Point
技術ポイント

通常、ゴワつきは修復不可能と思われがちだが、今回のように施術前の毛髪に弾力が残っている場合は、あえて80％軟化まで進め、軟化の力で弾力を落とすと、全体のボリューム感が落ち着く。またこのとき、キューティクルの毛羽立ちも若干、解消されるので、手触り感もアップできるのがポイント。

← ドライヤーの風　← ブラシなどの動き

9 セオリー通り、フロントからノーテンションのブラッシングでドライングしていく。

10 ドライング終了。

11 ドライング後の段階で、ゴワつきはかなり収まった。

12 つづいて5ブロック⑧に分け取り、フロントからアイロン施術。厚さ1.5センチのスライスをオンベースに取り、根元にアイロンを当てる。

13 中間から毛先は、髪が自然に落ちる位置をなぞるようにアイロンスルーしていく。

14 アイロン操作終了。

15 その後、グルタミン酸配合のpH調整剤を塗布する。

16 最後に2剤塗布。2剤もセオリーにしたがって、ネープから塗布していく。タイムは5分＋5分の2度づけ。放置後、水洗し、自然乾燥。

Trouble Shooting Advance

トラブルシューティング アドバンス編

5. ストパー失敗毛 「チリつき」への対応

Before

過剰に軟化し、ウエットでアイロンプレスしたため、細かい波状毛のチリつきが全体にある。
ストパー施術の典型的な失敗のビビリの1つ。
チリつきは毛先になるにつれてひどくなり、ボリュームが広がり、ダメージもひどい状態。

STRAIGHT PERM PERFECT MANUAL
Trouble Shooting Advance

After

全体にあったチリつきが改善され、毛先にいくにつれて
広がっていたフォルムも落ち着いた。
さらに髪の状態もツヤ感があり、健康的に見える。

5. ストパー失敗毛「チリつき」への対応

毛先に向かって強くなる「チリつき」を1剤の塗り分け施術で落ち着ける

●=根元〜中間
●=毛先

	浸透する	はじく
水スプレー塗布	● ●	
コームスルー	● ●	

	なし	あり
丸めたときの戻り	● ●	
引っ張ったときの弾力	●	●

1
まずケラチンPPTを全体に塗布し、チリつきの強い毛先には、さらに複合アミノ酸を塗布する。

2
つづいて1剤塗布。まずは4ブロックにブロッキングし、ネープから塗布する。まず、厚さ1.5センチのスライスを取り、根元にはノーマルタイプの1剤を塗布。

3
次に中間から毛先にはソフトタイプの1剤を塗布し、根元と塗り分ける。同様にすべてのブロックに1剤を塗布していく。

4
塗り分け施術を行った1剤塗布終了。その後、10分放置してから軟化チェックを始める。

5
軟化チェック。この場合は根元と毛先のダメージ状況が違うので、根元と毛先の2か所をチェックする。まず根元から引っ張る。

6
引っ張ったとき、元の毛の2倍くらい伸びる感覚(80％軟化)を感じたら、放置を終了(このときの放置タイムは18分)。

7
つづいて毛先の軟化チェック。今回は、根元、毛先ともに80％軟化を目安に放置する。

8
こちらも引っ張ったとき、元の毛の2倍くらい伸びる感覚(80％軟化)を感じたら、放置を終了(このときの放置タイムは18分)。その後、水洗する。

STRAIGHT PERM PERFECT MANUAL
Trouble Shooting Advance

Technique Point
技術ポイント

ストパー失敗毛の1つ。特に毛先のチリつきがひどい状態。そこで今回は、処理剤で髪のコンディションを整えつつ、1剤の塗り分けでダメージケアを考える。さらにアイロンの温度では根元を中温、毛先を低温に設定。これにより、失敗毛でも、傷んで見えない自然なストレート感を表現できる。

▷ ドライヤーの風　← ブラシなどの動き

9
水洗後、5ブロックⒶにブロッキングして、フロントからドライ。セオリー通り、ノーテンションでブラッシングしていく。

10
ドライング終了。

11
ドライ後の根元と中間から毛先の状態。ドライング後でも、かなりナチュラルにつながっている。

12
アイロン操作はまず厚さ1.5センチのスライスを取り、髪の落ちる位置に合わせて根元から中間まで中温（140℃）でスルーさせる。

13
つづいて毛先のダメージ部は、低温（100～120℃）に設定し、同様にスルーする。

14
アイロン操作まで終了した状態。チリつきがかなり収まった。

15
その後、グルタミン酸配合のpH調整剤を塗布する。

16
最後に2剤塗布。5ブロックⒷに分け取り、ネープからセオリー通りに塗布し、軽くコーミング。タイムは5分＋5分の二度付け。その後、水洗し、自然乾燥で仕上げる。

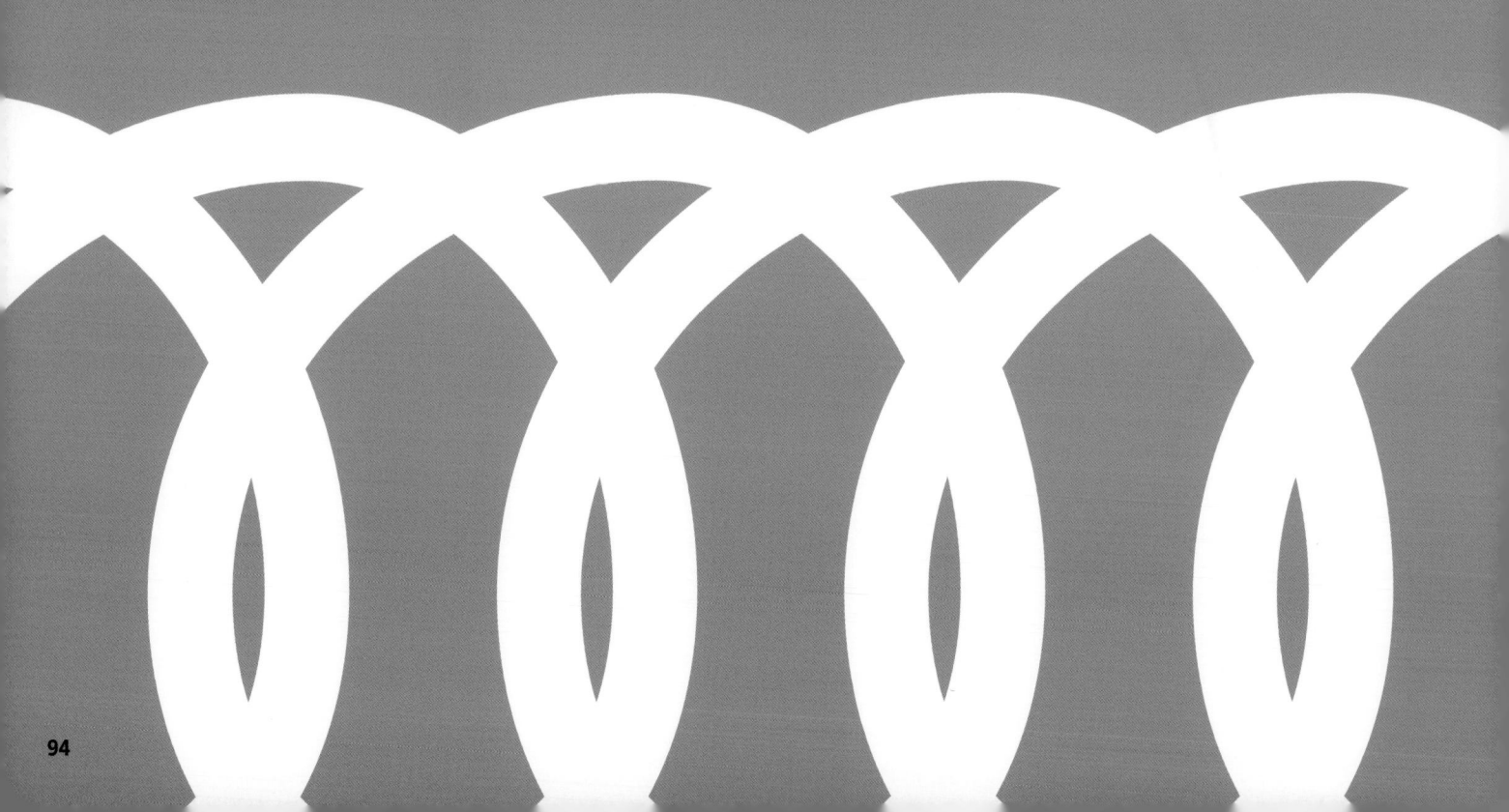

マニアック編
達人になるための"ツボ"をおさえよう
Maniac

ストパーの技術習得も、いよいよ最後の章です。
ここでは、これまでに解説してきたストパーの技術やメカニズムなどの裏づけを細かく解説。
併せて、これまでの技術を応用した考え方や、新たなアイテムの使い方など、
ストパー施術の中で、ちょっとニッチでマニアな情報をご紹介します。
ここまで極めれば、もうストパー施術で困ることはない?!

Secret of Straight Perm

軟化のメカニズムを考える

これまで再三再四に渡り、登場してきた「軟化」。ストパー施術でのメインキーワードといっても過言ではありません。
軟化でやわらかくなった髪は、軟化スケールの各段階でドライヤーやアイロンを当てるとどうなるか。
マニアック編の最初のコンテンツでは、この軟化のメカニズムについて考えます。

　ストパー1剤のアルカリ剤による膨潤と還元剤の働きにより、毛髪内のコルテックス細胞内にあるS-S結合が解裂することで、髪は軟化します。
　いきなりケミカルの話で抵抗があるかもしれませんが、ストパー施術はそうしたケミカルの力を利用して行うものなのです。
　薬剤を使った施術なわけですから、薬剤が髪に作用している間は、注意が必要。しかも、1剤塗布後、軟化がOKだったら、1剤は流しますよね。
　このとき、1剤は流れていますが、実は1剤の影響で毛髪内のS-S結合は切れたままなんです。2剤を塗布して完全に酸化して初めて、施術は完了するのです。
　この間の髪はすごくデリケート。言い換えれば、軟化した髪はとても不安定なんです。そこへ、僕らはドライヤーや、アイロンを当てている。まずはそこを意識してください。

· · ·

　ここでは、そんな軟化毛の特徴を考えてみようと思います。次のページのグラフを見てください。
　グラフは、縦軸が毛髪の①軟化度合い、②強度・弾力、③ドライング後の広がりの大小を表します。ちなみに、3つの項目それぞれの大小は、グラフの上になるほど大きくなると判断してください。
　これに対して、横軸は時間と軟化スケールの「％」を表しています。なお、横軸は左から右に進むにつれ、時間が経過していると考えてください。
　グラフを見ると、まず、軟化度合いは、右上がりの線になっていますね。これは時間が経過するにつれて軟化度合いは高くなることを示します。
　これと反比例するのが、毛髪の強度・弾力です。強度と弾力の線は、右下がり、すなわち、時間が経過するごとに髪はどんどん弱くなってくることを示しています。
　これら2本の線とまったく別の動きを見せるのが、ドライング後の広がりの線です。この線は時間が経過するごとに増えていきますが、あるところを境に、いったん減少し、さらに少しすると急激に増えるという導線を描いています。

· · ·

　これを軟化スケールの「％」で見てみると、40％軟化から70％軟化までドライング後の髪は広がりつづけます。その後、今度は70％軟化から80％軟化の10％の間だけ、ドライング後の髪は収まり始めます。
　さらに80％軟化を超えたあたりから、また広がりが再開し、髪の強度・弾力と、軟化度合いの関係が逆転し始めた部分（90％軟化）を起点に、一気に広がるのです。
　この段階から毛髪はコントロール不能に陥り、仕上がりの段階ではボリュームが収まらなくなったり、場合によっては断毛したりすることもあります。
　また、40％から50％軟化と、70％から80％軟化、度合いは同じ10％でも時間の経過が短くなっているのが分かると思います。80％から90％の10％などはさらに短時間。
　ですから、それだけシビアに軟化チェックしないと、オーバータイムになってしまうわけです。軟化毛にはこうした傾向があります。

· · ·

　軟化チェックのトレーニングで80％軟化がなかなかつかみにくいという声をよく聞きます。実は、その理由はこの時間の差が関係していたのです。
　ここまできて、軟化チェックに自信が持てない人は、今、解説した軟化毛の挙動を意識しながら、もう一度、ゴムチューブでトレーニングし、実際の毛束で試してみてくださいね。

Point ポイント

▶ **ドライング後の髪の広がり**
- 40％〜70％軟化 … 広がりつづける
- 70％〜80％軟化 … 落ち着く
- 90％軟化以上 …… さらに広がり　コントロール不能

▶ **軟化のタイミング**
- 40％〜50％ … 放置時間は長め
- 50％〜60％ … 〃
- 60％〜70％ … 放置時間は短め
- 70％〜80％ … 放置時間はかなり短め

STRAIGHT PERM PERFECT MANUAL
Secret of Straight Perm

軟化度と髪の強度、及び髪の膨らみの関係

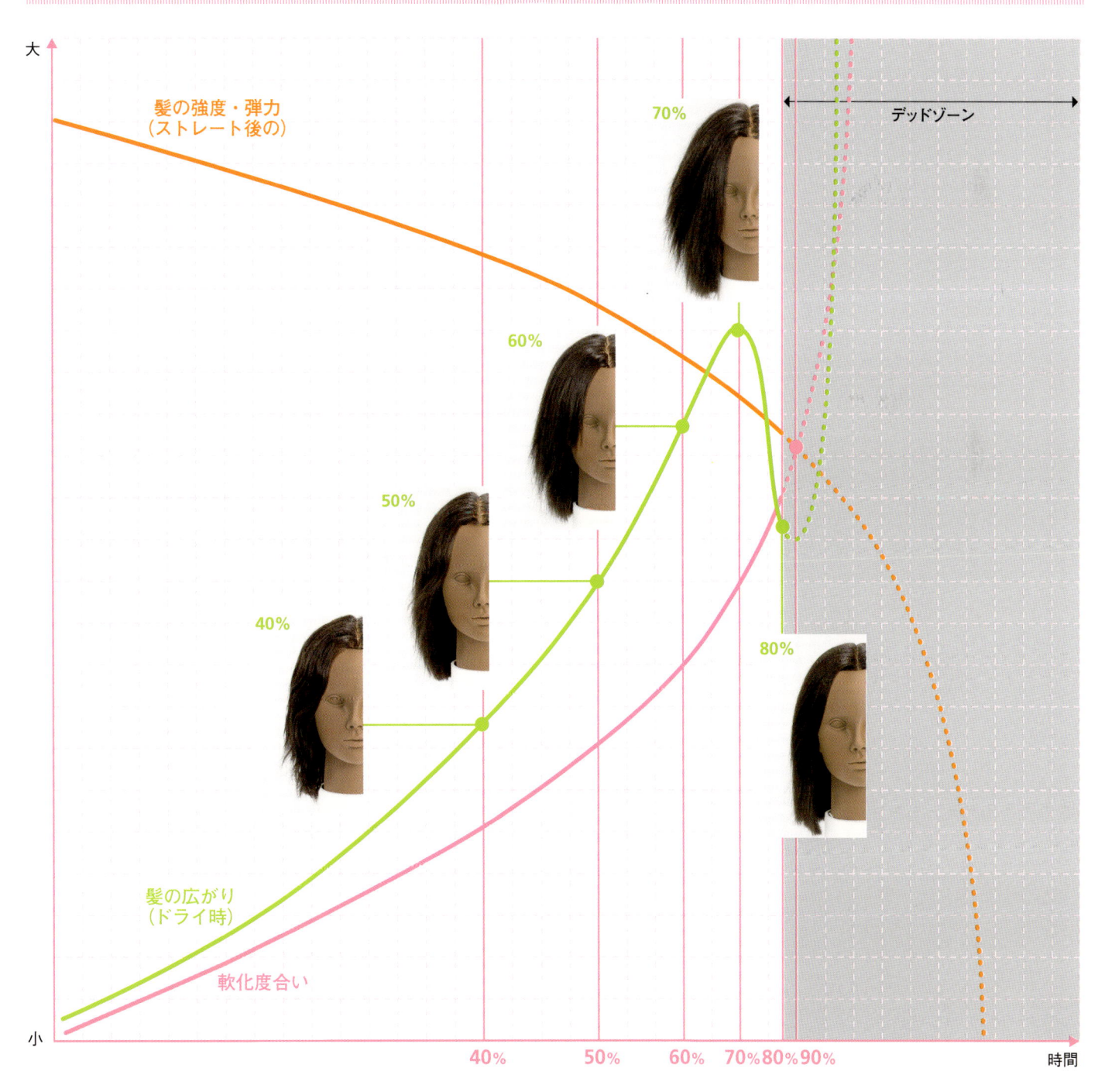

Secret of Straight Perm

1剤塗布の秘義

泡立て塗布のノウハウ

ストパー1剤のクリーム状の剤型をより均一に浸透させるための隠れテクニック「泡立て」塗布。
ここでは、その技を解説します。

ベーシック編の1剤塗布（19ページ）にあるテクニックのポイントで「泡立てる」というプロセスがありました。覚えていますか？

実は、このテクニックはすごく重要。ここではその理由を解説します。理由は、ストパー1剤の剤型にあります。ご存知のように1剤はクリーム状だったり、ジェル状だったりと粘度の高いことがほとんど。こうした剤型は分子量が大きいため、液状よりも浸透が悪くなってしまうんです。

勘のいい方ならもうお分かりかもしれません。泡立てると、浸透がアップするんです。なぜ、アップするか。その理由は、泡立てるために髪を左右に動かすと、毛髪は少なくとも360度は回転しますよね。

つまり、髪の毛が回転しながら動くことで、円柱形の髪の全方向にまんべんなく薬剤が塗布されるわけです。また泡立てると乳化が進み、それだけ浸透率もアップ。このダブルの効果が泡立て塗布の秘密だったのです。

プロセスで見てみよう～根元のみの1剤塗布を例に考える

1 まず厚さ1.5センチのスライスを取る。

2 1剤塗布のセオリー通り、ハケを軽く押し込むように塗布していく。その後、コームスルー。

3 指で馴染ませるように泡立てていく。

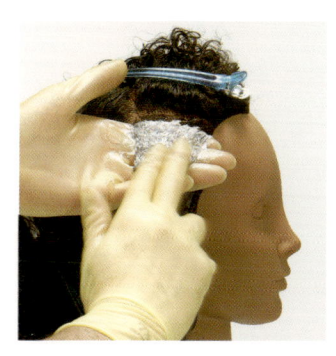

4 泡立てるときは素早く指を左右に動かすが、テンションはかけないようにすること。

5 塗布終了。
また次のスライスに移る場合は、不必要な箇所に薬剤がつくのを防ぐため、必ずタオルで余分な薬剤を拭き取ってから施術する。

軟化の秘義
ケラチンチェックのノウハウ

軟化チェックでOKの髪を中間水洗してみたら、ちょっと戻りがあったという経験はありませんか？
ここではそうした誤差をなくすための技、「ケラチンチェック」をお見せします。

　捻転毛や連珠毛のような強いクセ毛や、意外にも軟毛などは、軟化チェック時でOKでも、中間水洗後に戻りが生じることがあります。

　強いクセ毛に戻りがありそうなのは想像つきますよね。でも軟毛はなぜ弾力が戻るのか。その理由は、軟毛は1剤をつけただけで（水分を浸透させただけで）、やわらかくなる特性があるため、判断を誤りやすいのです。

　そうした誤差を埋める秘義が、「ケラチンチェック」。これは、軟化チェック後の髪を一束取り出して水スプレーで薬剤を落とし、ケラチンPPTを塗布し髪の状態を見る方法です。

　ご存知のようにケラチンは弾力感を向上させる効果があります。この弾力感の向上効果と、中間水洗後の戻りの状況が、ある程度、似ているんです。

　こうした関係性を利用したのが「ケラチンチェック」です。この一手間が誤差を少なくします。皆さん、中間水洗後の髪の読み込みが難しいときは是非、活用してみてください。

ケラチンチェックのテクニック

1 引っ張りによる軟化チェックをして、軟化OKと判断した髪を引き出す。

2 さらにそこから一束の毛束を取って、毛束の下にタオルをあてて、水スプレーを塗布する。

3 毛束に水をよく浸透させたら、タオルで軽く拭き取り、1剤を落とす。

4 その段階で、再度、毛束の下にタオルをあてて、今度はケラチンPPTを塗布する。

5 30秒から1分放置し、指で押してみて弾力の戻りをチェックする。

6 同時に視診でクセの戻りを調べ、戻りがないようであれば、水洗し、次の施術に進む。

Secret of Straight Perm

ドライング、およびアイロン操作の秘義

「温度チェッカー」の活用

毛髪の表面温度をチェックする㊙アイテム「温度チェッカー」。
ここでは、毛髪の温度を管理するひとつの指標として、温度チェッカーの活用法を解説します。

　ストパー施術の失敗のひとつに、「高温にしたドライヤーや、アイロンを過度に当て過ぎてしまった」という原因がありました。
　そうした失敗は、ドライヤーやアイロンの温度設定を施術前にしっかりとチェックすることと、実際の施術時も一か所に長時間、当てつづけないことで解消できるものです。
　しかし、「それ以外の別の手段でチェックする手立てはないか」と考える方がいらっしゃるかもしれません。そんなあなたには、この「温度チェッカー」をおすすめします。
　これは、赤外線温度計と呼ばれる計器で、大型量販店や、最近ではインターネットでも手に入るアイテムです。
　測りたい物体に近づけてボタンを押すと、瞬時に温度が表示されます。これを使えば、ある程度、正確な毛髪の表面温度をつかむことができます。
　「温度チェッカー」を使う場合の目安としては、例えばドライヤーの温度なら、高温の場合は、毛髪の表面温度が60℃が目安。
　アイロンの場合は、140℃くらいの高温にした場合で毛髪の表面温度が80℃、100～120℃くらいなら60～70℃を目安に考えるのが望ましいと思います。

　ちなみに、この「温度チェッカー」は、アイロン操作後と2剤塗布前の毛髪の表面温度を測定するときにも活躍します。
　ご存知のように1剤は還元反応、2剤は酸化反応と、化学的には真逆に作用するもの。化学の世界では、還元させたものを酸化すると、反応熱という熱が出ると言われています。
　つまり、ストパー施術で言うなら、アイロン施術後と、2剤塗布の間にある程度の熱が発生するわけです。
　そのとき、高熱のアイロンで施術したままの状態に2剤を塗布してしまうと、稀にですが、反応熱の温度が通常よりも高くなり、思わぬトラブルを生む可能性があります。
　それを防ぐために、アイロン操作後の髪は、ある程度、温度が下がったところで2剤塗布に移ることが望ましいのです。ちなみに温度チェッカーで測定する毛髪の表面温度なら、だいたい30℃以下が目安です。

温度チェッカーの活用

温度チェッカー

1 アイロン施術時や、ドライング時の毛髪の表面温度を測定し、過度な熱が毛髪に伝導していないかをチェックする。

2 アイロン操作が終了し、2剤塗布に移る際の毛髪の表面温度を測定。ある程度、温度が下がったことを確認し、2剤を塗布する。

Secret of Straight Perm

2剤塗布の秘義
「サーマルカール」のテクニック

ロングの髪に2剤を塗布した場合、ヘムラインの髪の折れを防ぐサーマルペーパーのテクニック。
ここでは、そこから一歩進んだ応用技術「サーマルカール」をご紹介。

STRAIGHT PERM PERFECT MANUAL
Secret of Straight Perm

　レングスの長い髪のヘムライン部分は、常に肩につきやすいため、お客様の予期せぬ動作で折れやすくなります。
　しかも、折れてしまったのが、2剤塗布後の放置タイム中だと、修正はかなり難しくなります。そのため、サーマルペーパーを当てることで、折れを解消する技術をご紹介しました（70ページ参照）。
　「サーマルカール」は、そこからさらに一歩進んだ考え方です。これは、ペーパーで固定した髪をループさせ、ゆるやかな曲線をつくるテクニックです。
　これにより、ストレートの中にゆるやかな丸みをつくることができます。
　また、つくるループの大きさを変えることによって、仕上がりの曲線のアールにもある程度の幅を持たせることができます。
　サロンでは、丸みのあるストレート感がほしいお客様への提案や、毛髪に弾力を残した60％軟化以下の髪でカールを表現する場合に特に有効なテクニックです。

サーマルカールのテクニック

1 セオリー通りに2剤を塗布後、ヘムラインから厚さ1.5センチのスライスを取り、軽くコーミングして馴染ませる。

2 つづいて毛束の下にサーマルペーパーを当てる。

3 今度はサーマルペーパーの上で、毛の絡まりやよれをコーミングで馴染ませていく。

4 さらに毛束の上部にもサーマルペーパーを当て、毛束をサーマルペーパーでサンドする。

5 求める仕上がり感をイメージしながら、テンションはかけずに、サーマルペーパーをカールさせる。

6 カールさせたペーパーをシングルピンで固定。そのまま放置する。

Secret of Straight Perm

本書の秘義

この本を使った裏技公開

ここでは、軟化の引っ張り感をマスターするための秘義をご紹介。
ゴムチューブで培った引っ張り感に、さらに磨きをかけるための裏技を伝授します。

最後のコンテンツは、52～61ページで整理した「軟化スケール」の裏技的な活用の仕方を、皆さんにこっそり伝授します。このページでは、40％、60％、80％、100％の軟化段階の情報をすべてまとめています。

しかも、メインでご紹介している毛束の写真は、原寸大。ここで考えるのは、この原寸大の毛束を使ったトレーニング法です。

やり方は、至って簡単。まずは、次のページで解説しているプレート毛束（市販の毛束をプラスチックプレートに接着したもの）を制作します。

その後、例えば40％軟化なら、プレート毛束にストパー1剤を塗布して、本書に書いてあるタイムを目安に放置。このとき、同時に薬剤が塗布されている毛の質感の変化も、本書の写真と見比べながらチェックを進めるのがポイントです。

放置タイムがOKであると判断できたら、該当ページの原寸大の毛束の根元の位置と、プレート毛束の根元の位置をそろえて引っ張るタイプの軟化チェックを行います。

このとき実際に引っ張った長さが本と同じだった場合、それがゴムチューブよりも正確な実際の毛束の引っ張り感となります。

もちろん、ゴムチューブと実際の毛髪の引っ張り感には大差はありません。しかし、引っ張り感を体得するには、やはり髪の毛で体感するのが一番です。

しかも、毛束はプレート状になっているので、1回試してみて失敗なら、その部分を切って、さらに放置タイムをとって同じことを繰り返していけばいいのです。そのため、適正なタイムの少し前ぐらいから実験を始めるのがポイントです。

これが最後の秘義。ここでリアルな引っ張り感が体得できれば、もうあなたはストパー使いの達人であること、間違いなしです。

プレート毛束をつくって、引っ張り軟化をチェック

ここでは、プレート毛束のつくり方と、
プレート毛束と本書を連動させた
軟化の引っ張り感の体得法をまとめています。

必要なもの（左から）

a／グースティック…グルーガンに装着するスティック状の樹脂。プラスチックプレートに毛束を接着するときに使う。
b／グルーガン…加熱してゲル状になった樹脂で接着する道具。プラスチックプレートに毛束を接着するときに使う。
c／毛束…市販の毛束。長さは15センチ以上あるものが望ましい。
d／定規…毛束の長さを測る際に使用する。
e／カッター…毛束の根元を切断するときに使用する。
f／コーム…毛束を整えるとき、あるいは、毛束とプラスチックプレートをはさむときに使用する。
g／プラスチックプレート…毛束を固定するためのもの。大きさは、縦5センチ×横7センチくらいのものが望ましい。
h／輪ゴム…毛束とプラスチックプレートを仮どめする際に使用する。
i／タイマー…放置タイムをチェックする際に使用する。
j／筆記用具…軟化したときの状態などをメモする際に使用する。

STRAIGHT PERM PERFECT MANUAL
Secret of Straight Perm

1. まずプラスチックプレートの上1/3くらいに輪ゴムをかけ、根元1センチくらい毛束を通して、輪ゴムで仮どめする。

2. つづいて軽くコーミングし毛束を整えたら、コームを毛束にかませたまま、プレートの下の部分に押し込む。これにより、毛束とプレートに隙間が生まれる。

3. そこへ、グルーガンで縦線を描くようにグルーを流し込む。このとき、グルーは、輪ゴムより下の部分に流し込むこと。

4. 縦線でグルーを流し込んだら、今度は、横方向にジグザグを描くようにグルーガンでグルーを流し込む。

5. その後、5分くらい放置しグルーが固まったら、グルーがついていない、輪ゴムよりも上の部分をカッターで切断する。

6. 今度は切断した箇所にもグルーガンでグルーを接着する。

7. さらに5分程度放置し、グルーが完全に固まったら、最後にグルーがついていないところから10センチの部分を定規で測り、ハサミで切る。

8. プレート毛束のでき上がり。

9. これを本書の「軟化スケール」の該当ページの部分に合わせて、実際の毛束での引っ張り感を体得するトレーニングで使う。

Epilogue

　このページが最後です。ここまで読んでいただいた皆さん、本当にお疲れ様でした。そして本当にありがとうございます。今回、僕たちは、持てるノウハウをすべて出し尽くしました。ここまでくれば、きっとあなたのストパー施術に何らかの変化が起きたはずです。でも、変化だけではまだまだ不十分。最終的に、その変化をお客様の笑顔に結びつけてこそ、この本をお買い上げいただいた本当の価値があると思います。

　ですから、本書を読んで満足しただけの方、それはNGです。また本書に書いてあるノウハウを練習してみたけど途中で止めてしまったというあなた、それもいけません。

　僕たちが公開したのは、ノウハウです。ノウハウは実践しないと自分のものにはなりません。自分のものにできて初めて、サロンで使える。すなわち、お客様の笑顔に結びつけられるのです。

...

　だから、この本に書いてある様々なノウハウは、すべてできるまで練習しつづけてほしいんです。一度や二度できなかったからといって諦めるのは禁物。絶対に諦めないでください。やれば必ず、やっただけ自分に返ってきますから。

　中国の歴史上の偉人のひとり、老子の言葉に「水滴、岩をもうがつ」という言葉があるのをご存知でしょうか。硬い岩の上に毎日滴り落ちる水滴があるというお話です。水滴は毎日休むことなく、岩に滴り落ちつづけ、最後に硬い岩に穴をあけることができます。そんな結末のお話。「何事もコツコツつづけていけば、いずれは成功する」という格言です。

　あなたは、「軟化」や「アイロン」という硬い岩に立ち向かう水滴です。岩に落ちる水滴のように毎日コツコツ練習しつづけた結果が、後に実を結ぶことでしょう。

　だから仮にもし、「もういいや」って投げ出しそうになったら、思い出してください。「水滴、岩をもうがつ」です。これが、僕たちから皆さんへの最後に贈る言葉です。

Straight Perm
Perfect Manual

みるみる分かる 軟化とアイロン
ストレートパーマ完全マニュアル

みるみる
BOOK
プラス1

佐藤公昭／さとう こうしょう（Se Relaxer）大手サロンでOEM開発責任者として従事。退社後、大手メーカーの技術開発、商品開発、ヘアショーなどのプロデュースを手がける一方、2003年10月横浜馬車道にトータルビューティサロン『Se Relaxer』をオープン。サロンオーナー兼ディレクターとして幅広い客層から支持される。その後、2005年6月にはヘッドスパに特化したサロン『Se Relaxer head spa』とアロマサロン『coral lagoon』、そして同年12月に全3フロアを持つ大型トータルビューティサロン『Se Relaxer ocean front salon&spa』をオープンさせる。

鈴木佳一郎／すずき けいいちろう（Core Flock）都内および横浜の大手サロン、縮毛矯正専門サロンを経て、2008年3月『Core Flock』をオープン。現在は、同店の代表としてサロンに立つ。また「ケミカルをデザインに変える」をテーマにメーカーの商品開発や外部講師としても活躍。「美容師は、ヘアアーティストとしてだけではなく、毛髪ケミカルを視野に入れ、毛髪の可能性を最大に引き出すことを理念としたヘアドクターとしての役割もある」が持論。2009年、軟化チャート特許取得。

All Technique & Design　KOUSHOU SATO（Se Relaxer）
　　　　　　　　　　　　　KEIICHIROU SUZUKI（Core Flock）

Photographer　KAZUHIRO ITABASHI（Shinbiyo）

Art Directer　KOUJI AOKI（Aleph Zero co.,ltd.）
Designer　MAMI SHINDOU（Aleph Zero co.,ltd.）

Illustrator　TAKANOBU MURABAYASHI

Editor　CHIAKI KUMAGAI（Shinbiyo）

毛束協力　　　　　　株式会社ビューラックス
縮毛ウィッグ協力　　滝川株式会社

定価／4,200円（本体4,000円）検印省略
2007年5月18日　第1刷発行
2009年8月26日　第2刷発行

著者　　佐藤公昭、鈴木佳一郎
発行者　長尾明美
発行所　新美容出版株式会社
　　　　〒106-0031東京都港区西麻布1-11-12
編集部　TEL：03-5770-7021
販売部　TEL：03-5770-1201／FAX：03-5770-1228
　　　　http://www.shinbiyo.com
振替　　00170-1-50321
印刷・製本　凸版印刷株式会社

©KOUSHOU SATO、KEIICHIROU SUZUKI & SHINBIYO SHUPPAN Co.,Ltd.